出版力

精品出版50讲

聂震宁 著

时代出版传媒股份有限公司
安徽教育出版社

图书在版编目（CIP）数据

出版力：精品出版 50 讲 / 聂震宁著. —合肥：安徽教育出版社，2019
ISBN 978-7-5336-9009-0

Ⅰ.①出… Ⅱ.①聂… Ⅲ.①出版工作－案例－中国
Ⅳ.①G239.2

中国版本图书馆 CIP 数据核字（2019）第 204061 号

出版力：精品出版 50 讲
CHUBANLI：JINGPIN CHUBAN 50 JIANG

出 版 人：费世平
责任编辑：姚　莉　何换生
装帧设计：张鑫坤
技术编辑：陈善军
图片搜集：张帅奇

出版发行：时代出版传媒股份有限公司　安徽教育出版社
地　　址：合肥市经开区繁华大道西路 398 号　邮编：230601
网　　址：http://www.ahep.com.cn
营销电话：(0551)63683012，63683013
排　　版：安徽时代华印出版服务有限责任公司
印　　刷：安徽联众印刷有限公司

开　　本：710×1010　1/16
印　　张：18.75
字　　数：190 千字
版　　次：2019 年 10 月第 1 版　2019 年 10 月第 1 次印刷
定　　价：88.00 元

（如发现印装质量问题，影响阅读，请与本社营销部联系调换）

导　　语

　　什么是出版力？就是出版好书的能力。从横向来看，出版力可以分为个人出版力、企业出版力、社会出版力；从纵向来看，出版力又可以分为单项出版力、短期出版力、长期出版力。《出版力：精品出版50讲》这本书主要讨论的是个人出版力、企业出版力和单项出版力、短期出版力。当然，因为书中也讨论到出版机构通过战略设计和经营管理达到提高精品出版能力的目的，也就涉及了长期出版力的内容，不过这不是本书讨论的重点。

　　这不是一本关于出版力的教科书。现在已经有了不少这方面的教科书。一个初入出版机构大门的新人，只要读过《编辑学》《出版概论》一类教科书，说起出版力来完全可以头头是道，大体上不需要我们再来写类似的教科书了。我这本书也不打算重复那些教科书的观点和论断，而是从实际案例中找寻实感和经验，这样也许能让读者得到较为有用的启示。

　　当然，古人说"知易行难"，真正要去做几本好书，其实并不容易，至于要把精品出版作为自己和一个出版机构长期努力的方向，就更不容易了。可想而知，上哪儿去找好书稿，怎样才能从当红作者那里拿到好书稿，怎样从大学者那里取得信任接下一部传世之作，又怎样把好书稿做成读者喜爱的好书，还要让需要它的人知道并且买下来，等等，都不是简单的事情。更不要说，一个职业出版人，怎样才能保持不断出版好书的状态，成为一个受到作者、读者敬重的出版家；一家出版社，怎样才能形成多出好书的能力，永保品牌的优势，使自己立于不败之地。如此等等，正是《出版力：精品出版50讲》这本书要着重讨论的。

《出版力：精品出版50讲》算得上是一本图书出版行业的案例汇编，副题虽然标注"精品出版50讲"，实际上全书涉及的图书案例至少有200个。其中有一些是我直接操作过的出版项目，更多则是行业同仁们有口皆碑的经典案例。我之所以打算通过案例来谈出版力，也是多年来在出版理论与实务研究中得到的一些经验：一是从实务出发，增强讨论的实战性；二是开启思路，改善思维方法。

从实务出发，增强讨论的实战性，这是我多年来在出版理论与实务研究中养成的习惯。出版学没有太艰深的理论，精品出版没有特定的要诀。图书出版形形色色，创新方法千姿百态。产品的差异性决定了创新的差异性。成功者常常因书而异、因时而异、因专业而异。所以，谈出版如果只谈教科书，则势必空洞，往往难以概全，倒不如研习既往案例从而更加贴近出版的实务。

开启思路，改善思维方法，这是一切研究最根本的要求。书写精品出版案例的目的，是表明出版创新无处不在。这首先就要有创新的意识和不平庸的价值观。同等重要的是要养成创新思维的习惯。一切创新者，其成功首先来自自身无时不求新、求好的追求，来自自身无时不求新、求变的思维习惯。一个不平庸的出版人，任何时候都不会放弃创新的机会，任何时候都会记住无论是新作品出版还是老作品再版，都有精品出版的可能性和必要性。由于出版这个行业在文化和知识传播中的中介地位，我们的出版创新有可能是前无古人，也有可能是老歌新唱；有可能是旧瓶装新酒，也有可能是新瓶装旧酒；有可能是焕然一新，而更多时候是持续的改进。精品出版许多时候是对出版物生产与传播的全面的或某种独特的安排；许多时候却是沙里淘金、慧眼识珠、捷足先登、突发奇想、点铁成金。精品出版的关键就在于切忌简单从事。总之，精品出版，一事当前，不要忘记创新；一书在前，记住匠心独运!

　　本书的部分内容,自2017年9月起作为有声读物在百道学习APP上发送,题目是《聂震宁精品出版五十讲》。这份有声读物发布不久,就有下载读者询问是否可以买到图书,还有一些加了我微信的同行也私聊问我何时出书。这就成了本书出版的重要动力。需要说明的是,本书的篇目编排与百道学习APP发布时不尽一致,听书的编排次序需要多一些变化以求鲜活有趣,而编辑成书时则需要作内容归类以便于读者集中研究。当然,现在本书的篇目编次也只是略作分类,即"精品出版概述""精品选题策划""联系作者与组稿""提高编辑业务水平""做好营销和经营管理"。事实上,精品出版的过程往往是共时性的,在许多案例里,总有很多内容是综合在一起的,分类只是有所侧重而已,但求案例读来真实生动,就不必计较分类精准与否了吧。

目　录

第 1 讲　什么是精品书　001

第 2 讲　为什么要做精品书　006

第 3 讲　态度决定精品书　011

第 4 讲　怎样做好精品出版管理　016

第 5 讲　谁来催生精品书　022

第 6 讲　文章合为时而著　028

第 7 讲　竞争做出精品书　034

第 8 讲　中国也要做好自己的"彩虹丛书"　040

第 9 讲　主题出版也要走精品路线　046

第 10 讲　主题出版的"三性"　052

第 11 讲　一套献礼书的故事　058

第 12 讲　原创：文学精品出版的成功之道　064

第13讲　"无中生有"说精品　　070

第14讲　集聚力量做大书　　075

第15讲　从一到无穷大的选题　　081

第16讲　找到科技出版的用户需求　　086

第17讲　不应景才有远大前景　　092

第18讲　做足文章做出精品　　099

第19讲　出版社的"蛙跳战术"　　105

第20讲　小社打出来的"大排炮"　　111

第21讲　沙里淘金做出精品书　　118

第22讲　多重开发出精品　　124

第23讲　锲而不舍持续改进出精品　　130

第24讲　用精神和品德来团结作者　　135

第25讲　要把作者当朋友　　143

第26讲　如何发现优秀新作者　　148

第27讲　好作者就在我们身边　　153

第28讲　《文科知识百万个为什么》为什么成功　　159

第29讲　少儿出版的"梦之队"　　165

第 30 讲　"动物小说大王"是怎样诞生的　171

第 31 讲　"笨狼妈妈"是怎样回家的　176

第 32 讲　精心陪伴作者打磨精品　182

第 33 讲　有时候精品书是这样"抢"来的　188

第 34 讲　少儿读物编辑的快乐是怎样得来的　193

第 35 讲　专业书编辑的学术含量　200

第 36 讲　一套学术丛书编辑的学术情怀　208

第 37 讲　编辑也要有学术创新的勇气　214

第 38 讲　《中国机器人》是怎样制造出来的　219

第 39 讲　做让作者敬佩的好编辑　225

第 40 讲　潜心专业成为著名编辑和作家　230

第 41 讲　好编辑：爱干、肯干和能干　235

第 42 讲　怎样给名人大师做编辑　240

第 43 讲　文学大师和他的编辑　246

第 44 讲　筑好精品书质量的堤坝　252

第 45 讲　久久为功做成精品书　258

第 46 讲　一部超级畅销书的全程营销（上）　264

第 47 讲　一部超级畅销书的全程营销（下）　269

第 48 讲　长篇小说《突出重围》是怎样突出重围的　274

第 49 讲　出版该如何与影视"牵手"　279

第 50 讲　向经营管理要精品书　284

后　记　290

第 1 讲 　什么是精品书

扫一扫·听音频

我国的出版业，自 1994 年初的全国新闻出版局局长会议第一次提出"提高质量，多出精品"以后，"精品书"一词就成了出版行业的热词。新世纪以来，"精品书"更加成为出版行业的高频语词。社会各界呼吁出版业要多出精品书，读者更是期待得到越来越多的精品书。出版业把多出精品书作为追求的目标，以至于各级出版行政管理部门经常组织制订精品出版规划，许多出版集团不断地去设计精品出版战略，很多出版社社长、总编辑，言必称要开发精品图书选题。

于是，你会问：到底什么是精品书？

细细一想，这个问题还真不太好回答。

有人看到大部头的著作，特别是古今名人全集，或者某一个专题的套书、丛书、系列、大系、文库，动辄就是十几本、几十本、上百本，蔚为壮观，通常说法是"拿得出手"，就想当然认为这就是精品图书。其实,这些书大是大,但是不是精品还真不好说。清代的《四库全书》够大了吧,由大学士纪昀牵头,共有360多位高官、学者参加编撰,3800多人抄写,用了13年时间编成,共收3500多种书,7.9万多卷,装订成3.6万多册,约8亿字,基本上囊括了中国古代所有图书,所以敢称"全书"。因为这是乾隆皇帝亲自主持的"皇家工程",所以全称为《钦定四库全书》。这种用举国之力打造的"皇家工程",总该算得上是精品图书了吧?这还真不一定。在《四库全书》编撰过程中,那些负责编撰的官员秉承朝廷旨意,篡改所收古籍,是尽人皆知的事实。他们对于反映民族矛盾、民族压迫的作品尽量摒弃或抽毁,对于不能不收录的名家名作则大肆篡改。鲁迅对此有过严厉的批评。他说:"乾隆朝的纂修《四库全书》,是许多人颂为一代之盛业的,但他们却不但捣乱了古书的格式,还修改了古人的文章……"历史学家吴晗也说过:"清人纂修《四库全书》而古书亡矣!"虽然也要肯定编撰《四库全书》的历史功绩,为后人保存了丰富的文献资料,着实不易,可是,通过捣乱古书格式、篡改古人文章而出版的古籍,总不好说是精品图书吧?

所以说,图书是不是精品,不在书的规模大小。

有人猛然看到一部装帧设计精美、印刷品质精良的图书,就会连连称赞"精品精品"。这时候我们就要问他,你说的是书的装帧设计精美或者是印刷品质精良，还是书的内容精到？我们不是遇到过，有的获得过"最美的书"桂冠的书籍被读者指出编校质量存在问题吗？不言自明，书的价值主要在于内容，如果见了外观印装精致的书就喊精品，恐怕一不小心会闹出"金玉其外、败絮其中"的笑话。其实，败絮其中的书籍，越是金玉其外就越令人讨厌。

图书是不是精品，不能只看书的外观。

还有人说，是不是精品书应当让市场说了算，受到大众欢迎的好书才能称得上精品书，上了书业市场调查公司榜单的才能称得上精品书。可是，有的书一开始并不为大众理解，购买的人并不多，按说就不能称为精品了，然而，过了一些年，这些书的价值却被社会和广大读者认识到，从而成了热销书。譬如说鲁迅先生的著作，在民国年间，发行量远远不及当时的一些畅销书，可是，多少年后，鲁迅的作品成了中国人的必读书，销量陡增，你说这些书一开始是不是精品？

有人又反过来说，畅销书通俗易懂，往往不是精品书。其实，凡事不能一概而论。杨绛先生的回忆录《我们仨》，通俗易懂，十分畅销，可是也完全称得上是精品书。再譬如金庸先生的武侠小说，畅销不衰，我们能说其中的《神雕侠侣》《天龙八部》等就不是精品书？

有人说，学术书籍专业性强，一看书名就知道是精品。学术书籍有一些是精品，可单拿是不是学术书籍来判断一本书是不是精品，就免不了要犯望文生义的错误。搞学术就是精品，那搞创作就不是精品？搞儿童文学创作、做童书岂不就更成不了精品？那《爱丽丝漫游仙境》《小王子》《大林和小林》《阿丽思小姐》不是精品又是什么？

有人说，是不是精品书，有一个最简单的判断办法，那就是看能不能获得大奖。获大奖当然可以作为一个重要标准。获得国家和行业奖励的图书可以成为精品图书的候选书目。既然是候选书目，就还是不能一概而论，如果一概而论，说获奖书一定是精品书，我看也还未必。获得国际大奖的先不去说它，就说获得国内大奖的书，可以说，一般来说，获奖书都是好书，可是，是不是达到精品的标准就未必了。有的书获奖，内容质量并非一流，只是因为当下政治、经济、文化和社会发展需要有这样一本书。综合性图书评奖，获奖名单需要具有各种门类的代表性，有的书就这样获得"金榜题名"。诸如此类情况时有所见，人们完全能够理解、坦然接受，至于那些书是不是精品，还得一书一议。

最后，有人说，得啦，是不是精品书，交给历史来检验吧，精品图书应该是经得起历史检验的，是能够留存下来的好书。这个说法不错。可是，这样一来，也有问题，什么事都要交给后人来评说,那我们当代人岂不是太没有自主能力、太没有作为了吗?

其实,说起来,评价什么是精品书,也不是多大的难事。从我国出版界当前实际出发,我们不妨给精品书下一个定义:所谓精品书,就是有着一流的内容、一流的编辑、一流的校对、一流的印装、一流的推广、一流的评价的标志性图书。

商务印书馆
《百衲本二十四史》

第2讲 为什么要做精品书

这么多年来出版界都喜欢说"做精品书",可是为什么要做精品书呢?好像大家并没有特别去讨论。

仔细一想,我发现,在社会上许多行业中,出版行业确实是谈论精品这个话题最多的行业之一。很多制造行业,他们对于产品品质的追求,谈得比较多的是品牌产品、名牌产品,还有就是优质品、合格品。这些提法虽然都是精品的近义词,可强调的内容各有侧重。譬如,品牌产品强调的是产品的影响力和标志性,名牌产品强调的是产品的知名度和代表性,优质品、合格品强调的是产品的质量标准。而精品,既包含了上面这些要求,还有一个特殊要求,那就是"精"的要求,也就是"多中选好、好中选优、优中选精"。通常情况下,精品是针对产品过多的现象提出来的。

那么,可不可以这么说,因为现在书出得太多了,所以才提出要做精品书的要求?

看来正是如此。据国家统计局发布的数据，2018年全国出版图书51.9万种。当然，绝大多数图书都有各自的价值，有大树也有小草，有大江大河也有小河小溪，由此而形成良好的出版生态并促进文化生活的繁荣。可是，我们也得承认，真正的精品还是少了一些。读者的时间有限，总是希望找到最值得读的好书。可是好书怎么找？走进书店，图书摆放得密密麻麻、拥挤不堪，一个个书架快要顶到天花板，读者能选得过来吗？这样一来，势必要求出版社、书店把精品书推荐出来。也就是我在第1讲一开头说的那两句话：社会各界呼吁出版业要多出精品书，读者更是期待得到越来越多的精品书。

在第1讲开头我还接着说了下面几句话：各级出版行政管理部门经常组织制订精品出版规划，许多出版集团不断地去设计精品出版战略，很多出版社社长、总编辑，言必称要开发精品图书选题。可见，整个出版业都高度重视精品图书的打造。

为什么高度重视？前面说的一番道理是根本原因。因为市场经济的基本规律是供需关系，有需求就有供给，有了有效供给就会激发更大的需求。那么，还有其他原因吗？

当然有。

出版社是一个企业，打造精品正是现代企业打造品牌、提高竞争力的基本路径。打造品牌的路数很多，例如形象塑造、社会表现、质量评价、诚信承诺、口碑相传，等等。这些都是打造品牌的策略手段，可是最重要的还是要靠名牌产品。我们之所以认得几个生产瑞士名牌手表、法国香水、德国名车的公司名称，主要不就是通过这些公司的名牌商品吗？前面说的那些品牌打造的策略手段固然很重要，可是对于品牌打造效果最好的还是名牌产品。名牌产品可以使得企业闻名遐迩，名牌产品可以使得企业无处不在，名牌产品可以使得企业更具竞争力，名牌产品可以使得用户直接受益。出版社坚持走精品路线正是现代企业经营管理的必由之路。

也有人说，做精品书不过是出版社社长、总编辑的"面子工程"。其实，这句话如果不是牢骚也是一种短见。许多精品书不仅有面子，也有里子。精品书往往也是经济效益可观的图书。有的精品书一问世就畅销，这样的例子多得不能再多。20世纪初严复翻译的欧美学术名著，林纾翻译的外国文学名著，陈望道翻译的马克思主义著作，还有巴金、老舍等人的小说，新时期以来"走向未来丛书""走向世界丛书""获诺贝尔文学奖作家丛书"，以及获茅盾文学奖的大多数作品，既是精品书也是畅销书，出版社自然是挣得盆满钵满。有的精品书的经济效益虽然当时并不一定见效，可是，只要是真正的精品书，就会成为常销书，例如我们前面提到过的鲁迅作品，一直到现在还是常销书、必读书。再例如王国维、梁启超、胡适、陈寅恪、钱锺书这些学术名家的著作，又何尝不是图书市场上的常青树！

新时期以来，国家在出版业设立了各种国家级行业大奖，加上与出版相关的文学奖、科技进步奖，这些奖项已经成为评价出版社行业地位的重要指标，自然也是出版社品牌建设的主要内容。现在，有没有图书获奖，成了出版社社长、总编辑绕不过去的一次次大考，也是出版集团董事长、总裁述职时无可回避的内容，甚至是每个省市区出版行业强弱与否的重要指标。那么，什么书离获奖的机会最近？毋庸讳言，精品书！

新世纪以来，国家设立了深受出版行业关注的"国家出版基金"。许多出版社、出版集团以获得这些基金的资金扶持为重要荣誉，因为项目资金往往数额不菲，自然也就成为出版社的重要经济收益。出版社社长、总编辑为了国家出版基金项目的开发也算是费尽心思了。那么，什么书最容易获得基金的扶持？毋庸讳言，精品书！

新世纪以来，国家明确要求出版业要有更多产品"走出去"。10多年前，我国出版业的国际化程度不高。为了取得一点"走出去"的成绩，有的出版社千方百计去开发那些旅游、养生甚至是算命一类的消闲书，满足某些外国出版商和读者的猎奇心理。可是，随着中华文化传播的力度不断加大，现在情况有了很大变化，我国每年都有数百种学术、文化著作和优秀文学作品的版权输出到欧美发达国家去。这些"走出去"的书籍，相当一部分可以称得上精品。这就是说，精品书正在成为中国出版"走出去"的通行证。

总的来说，我们之所以要打造精品书，不仅是社会文化发展和图书市场经营的需要，也是出版企业打造品牌的需要，还是出版经营发展的需要，同时，也是每一位出版人的光荣与梦想。一个有理想抱负的出版人，他的理想往往要凭借一部或者几部精品书的成功得以实现，他的抱负往往要附丽于一部或者几部精品书上而无怨无悔。这是出版业打造精品书最根本的、不可或缺的内在冲动。

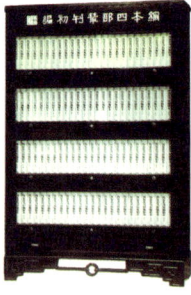

商务印书馆
《四部丛刊》初编

第3讲 态度决定精品书

塞尔维亚著名足球教练博拉·米卢蒂诺维奇（简称"米卢"），是迄今为止唯一一个带领中国国家男子足球队打进足球世界杯决赛圈的教练，因此他在中国足球界的人气很高。他在中国普通民众中的人气也很高，因为他有一句名言在中国广为传播，那就是："态度决定一切。"记得当时我正在出版社担任社长，觉得这句话很好用，具有很强的普适性，于是经常用来教育员工，有一段时间经常挂在嘴边。

好像，这些年大家不怎么念叨这句话了。是不是因为中国足球再怎么态度决定一切，还是败多胜少，使得大家不愿意奢谈态度，这也不得而知。可能大家渐渐发现，态度虽然很重要，但似乎并不决定一切。人们好像经常念叨的是"形势比人强""条件不具备"，是"靠实力说话""能力不行""技不如人"。一旦涉及这些因素，好像态度的作用就有点儿无奈。如果一旦有了"成功是可遇不可求的"那种无可奈何的态度,那么,我们就更加没法去谈什么态度了。

其实,"态度决定一切"并不是米卢先生的独创。只是这句话经由米卢这位成功者说出来,就显得更有点儿成功秘诀的意味。英国著名前首相丘吉尔就曾经说过意思相近的话。他说:"态度虽小,但有时能决定成败。"美国著名的西点军校有一句名言就是:"态度决定一切。"看来这已经成为做人做事的一条重要法则。无论做什么事情,首要一条是态度问题。事情还没有开始做,你就认为它不可能成功,那它当然就不会成功。或者你在做事情的时候不认真,不投入,那事情也不会有好的结果。可以说,你对事情采取什么样的态度,就会有什么样的结果。

在出版业里,做精品书,做与不做,做得成功不成功,也是"态度决定一切"的。

记得世纪之交时,英国一位名不见经传的女作家 J. K. 罗琳小姐创作的"哈利·波特系列"小说在欧美图书市场上取得了奇迹般的成功。消息传到中国,许多出版人产生了引进中文简体版版权的想法。当时我是人民文学出版社的社长,正打算恢复人民文学出版社少儿出版业务,自然也在考虑是不是投入力量去做这件事。我们知道,进入少儿出版领域少不了会有强有力的竞争者,他们既有比较强的竞争实力,还有比较现成的专业品牌吸引力,这两条是当时的人民文学出版社的弱项。形势并不利于我们。可是，我注意到，"哈利·波特系列"小说是已经过欧美发达国家图书市场和少儿读者检验的好书，一旦引进到中国，就有可能被我们做成一部精品书。虽然当时的人民文学出版社经济实力不如许多少儿出版社，可是，只要突出强调自己的文学出版品牌优势，还是有可能打动这位名不见经传的新作家罗琳小姐的。于是，我们决定要以志在必得的态度去参与竞争。后来的结果大家都知道，人民文学出版社借助"哈利·波特系列"小说名声大振，既获奖又增效，直到十几年后的今天，这部书还是我国图书市场上常备的精品书。

人民文学出版社
"哈利·波特系列"

这是不是说，尽管形势比人强，可是只要努力，态度端正，投入有力，还是有可能做成精品书呢？答案是肯定的。

我曾经在漓江出版社工作过。漓江出版社有一套著名的精品书"获诺贝尔文学奖作家丛书"。这套书在我国新时期的文学界、翻译界和出版界曾经产生过很大影响。漓江出版社在当时经济文化相对落后的广西壮族自治区，先是在南宁市，后来搬到桂林市，总之地处我国西南一隅，远离"北上广"这些一线城市。在这种情况下，漓江出版社要把这套世界级丛书坚持不间断地出版出来，许多条件都不具备。据说这个选题最先在上海一家很具实力的出版社提出来，当时那家出版社的领导犹豫再三，觉得各方面条件

漓江出版社
"获诺贝尔文学奖作家丛书"

都有问题,最终还是放弃了。可是,当时漓江出版社的领导和编辑态度都非常积极,丛书的出版工作一旦开头,就义无反顾,终于成就了这件大事。

要做精品书,首要的不是有没有条件做,而是值不值得做,想不想做,有没有义无反顾的坚定态度。

说到"靠实力说话",这是许多出版社社长、总编辑绕不过去的话题。可是,这也是一个与态度相关的话题。如果凡是遇到开发选题、组织书稿、编辑出版、营销推广,都先拿实力来跟别的有竞争关系的出版社比较,那就趁早不用去想做不做精品书了。如果遇到政治理论读物选题的竞争,要先比较出版社实力,地方出版社就只好让位于实力雄厚的人民出版社,那湖北教育出版社就不可能有在第十三届全国精神文明建设"五个一工程"奖中荣登获奖图书首位的理论读物《兴国之魂——社会主义核心价值体系释讲》。如果遇到长篇小说选题的竞争,就觉得人民文学出版社最具实力,地方文艺出版社理当退避三舍,那就不可能总有多家出版社出版的作品在历届茅盾文学奖中榜上有名。

出版社要想做成精品书,得靠实力说话。可是,出版社做书的实力,首先是要有一心要做精品书的社长、总编辑和编辑群体。专业人才是出版社主要的实力,而一心要做精品书的专业人才是出版社最大的实力。

在通常情况下,如果出版社一群编辑总也没有发现优质书稿,咱们先不要以为这些编辑能力不足、技不如人,而要先考量一下他们的态度,看看他们是真想做精品书还是可有可无。我的经验是,真想做精品书的编辑会千方百计去努力,甚至会跟我这个社长着急,闹着要支持;而不想做精品书的编辑,几年下来好像并没有为做书着急的时候,反过来倒是我对编辑们着急。

在通常情况下,当出版社里许多人认同"精品书可遇不可求"的时候,咱们先不要回头去想曾经的成功有多少是天上掉下来的馅饼,而要先考量一下出版社里员工们的精神状态。我的经验是,精品书既可遇也可求,而最精彩的成功是追求得来的。当年人民文学出版社出版唐浩明先生的长篇小说《张之洞》,就是责任编辑陶良华用将近5年的时间苦苦追求得来的。书获奖了,大卖了,做书的责任编辑却罹病去世了。

是的,在茫茫书海里,要做成一本、几本称得上精品的书,着实不容易。可是,如果我们没有一心要做精品书的气度,又怎么能够到达做成精品书的高度?性格决定命运,思路决定出路,态度决定一切!要做精品书,先要明白这个道理。

人民文学出版社《张之洞(上、中、下册)》

第4讲　怎样做好精品出版管理

我发现，出版界里说精品出版说得最多的是出版管理部门和出版集团，可见这些管理部门对精品出版的重视。管理部门为什么这么重视精品出版呢？道理很简单，作为负有管理责任的领导部门，所属出版社出版好书的情况是对其工作进行考评的主要内容。通常情况下，出版社出书品种量不是最重要的，最重要的是出了多少好书，好书中有多少称得上是内容健康、质量上乘、装帧精美、读者反映良好、两个效益俱佳、在全国具有较大影响力的精品。这么做是符合管理学突出重点的原则的。我在省级出版管理部门工作时明白这是年度工作的重中之重，在出版集团做总裁时我更是把这项工作命名为"精品战略"，年初要作部署，年底要作总结，不敢掉以轻心。

一般来说，出版管理部门和出版集团并不直接操作精品出版，无论局长、总裁们怎么部署，怎么督促、检查，怎么总结，把报告作得天花乱坠，从5000年中华文明讲到实现中华民族伟大复兴，从国家工作大局讲到国际文化交流交融交锋，最终有没有精品书，还是要看所属出版社的实际运作。出版管理部门和出版集团在精品出版中能够发挥的作用主要是做好管理。

有的出版人说，既然精品出版最后还是要看下面的出版社，那局长、总裁们就不要整天把这件事挂在嘴边，你以为精品书多说几回就能说出来了吗？

听起来这话不太讲理，不过当个玩笑话说说也未尝不可。其实，认真想想，做出版的人，如果没有意识到出版是与社会关系很密切的大事，没有意识到应有的社会责任、历史使命，没有树立精品意识，只知道一味寻思着出版自己最喜爱的某一种或者某几种书，或者只晓得畅销不畅销，基本上不去关心国家、社会或者某些专业对出版的重要需求，那么，社会各界怎么看我们这个行业？我们出版人还好意思自称知识分子、专业人士吗？

其实，关于为什么要做精品书的道理，我们在前面几讲里已经讨论过。现在，作为局长、总裁这些出版管理者，对所属出版社提出精品出版的要求，先讲讲大道理也还是很有必要的。有人说，大道理管小道理，先不论这话是不是有点儿绝对化，至少各种道理咱们都别忘了才好。

其实，对于局长、总裁们部署、检查、总结、表彰精品出版，许多出版人是不会有意见的。这本来也是出版人的追求和职责所在。要说有意见，我看首要一条是对精品出版要有公平、公正的评价办法。上级在组织开展出版评奖活动时，明明说要高度重视某一类主题的图书，可是最终获奖书目中却并没有一部关于这类主题的图书。其实申报上去的关于这个主题的图书并不少，也不乏高质量的，可就是被忽视了。这样一来，出版人精品出版的积极性是不是很受伤？出版管理部门推荐好书，一部很受读者欢迎、专家好评的文学作品，只是因为评委认为文体有点儿"四不像"而不予推荐，这是不是让出版人很不服气？难怪有的出版人说，如果没有评选，精品书我们照样做，可是评选一旦不够公平、公正，就会把本来有的积极性都搞没了。

说评奖，这是从精品出版的结果来看管理的重要性，其实从精品出版的开头，也可以看出管理的必要性。要推动精品出版，说到底就是要投资一个成本相对大得多的出版项目。出版社是出版物生产经营企业，每年每月每个项目都要盘算收入和产出，因此决定投入一个或几个精品项目的生产，是要在资金、人力的投放量上下决心的，对于资金状况不是太宽裕的出版机构，更是要对投入和产出算账的。就是对于那种几年后会产生品牌效应、会为企业提质增效的长线精品书，出版社社长也要盘算经济上能否坚持到胜利到来的那一天。那么，作为管理者的出版管理部门和出版集团，在扶持精品出版方面，有没有考虑必要的资金投入，说到底有没有经济上的激励机制，这也是至关重要的。我敢说，只要局长、总裁们舍得重赏，精品出版一定会有勇夫出现。有了重赏，出版社社长不想做精品出版都不行，因为很多编辑是要做的。真正的出版人都喜欢做精品出版。

有的局长、总裁说，为了精品出版，做思想动员已经说得唇干舌燥，经济投入已经是绰绰有余，而总结评价也尽量做到公平、公正，可是，称得上精品的出版选题还是少之又少，组织来的精品书稿凤毛麟角，设计印制出来的书籍不能使人眼前一亮，拿出来宣传推广的品种还是底气不足，这到底是怎么回事呢？也就是说，出版机构要做好精品出版，究竟还缺些什么呢？

缺人才！其实，出版行业是一个轻资产的行业，而凡是轻资产的行业，对人才的依赖性就特别大。说起来不怕出版人不高兴，如果不是追求规模化出版，那么，要出版发行一本书，无非一桌一椅一尺一笔，约来一部书稿，发给印厂印制，交由书店发售，这个过程几乎是不需要太多投入的，最需要投入的是出版人的策划智慧和书稿资源。即便是有了大量的资金投入，有了高楼大厦的业务场所，倘若没有出版人的策划智慧和书稿资源，对于精品出版也还是毫无办法的。为什么有的规模不大的出版社总是能出版很多精品书，有的出版社申请不到资金投入量很大的出版基金却照样获奖书多多，拥有编辑出版高手是其中不可缺少的重要原因。为此，我们要说，要做好精品出版的管理工作，出版管理部门和出版集团还要在人才队伍建设上多下气力。要建立精品出版的人才保障机制。要把出版人才队伍建设成学习型组织，引导编辑出版人不断学习新知识，开阔新视野，努力提高精品出版能力，用心营造精品出版的文化氛围。要建立优秀出版人才的成长机制。大力奖励精品出版有功人员，热情宣传精品出版杰出人才，为出版人才的成长创造有利条件。要支持所属出版社发现人才、引进人才、尊重人才、使用人才、留住人才，努力形成有利于人才脱颖而出的良好环境。

现在看来，要做好精品出版的管理，出版管理部门和出版集团，如果能从认识上坚持加强对所属出版社的引导，对精品出版有良好的评价办法，舍得在资金上有足够的投入，并且建立好人才保障机制，那么精品书的出版就具备了最基础的条件。当然，作为管理部门，还要在精品出版过程中做好一些具体工作。譬如，建立精品出版选题的策划论证机制，选题策划论证可是出版精品书的重要基础；建立精品出版沟通协调机制，及时调配资源，及时解决困难，让出版社切实感受到管理部门的作用；还要建立精品出版督促检查机制，特别要督促检查精品书的质量，要确保图书内容质量、编校质量、设计质量、印制质量达到国家规定的标准；更要建立精品书宣传推介机制，热情宣传本版精品书。在这一系列具体工作都做好了之后，出版管理部门和出版集团对于精品出版的管理没有理由不受到所属出版社的欢迎。

人民文学出版社
部分精品图书

第5讲 谁来催生精品书

要做好精品出版,有各种路数、各种方法,我将在后面用大量的篇幅给大家一一介绍。凡事有"术"有"道","术"是指具体做法,"道"是指基本规律。对于精品出版,在讨论那些路数和方法,即属于"术"方面的经验之前,还有一些关于做好精品出版的规律,即属于"道"方面的认识需要掌握。前面我们讨论"什么是精品书""为什么要做精品书""态度决定精品书""怎样做好精品出版管理",等等,都属于对精品出版规律的认识。

今天,我们要讨论"谁来催生精品书",目的还是想进一步加深对做好精品出版所需要的环境条件的认识。说"催生"而不说"打造",就像说"春天催生万物"而不说"春天打造万物",指的就是万物有了春天的环境条件才能得以生长。那么,精品出版需要什么样的环境条件才能得以成功呢?

我们来看看,做好精品出版,需要哪些环境条件。

我看首要一条，就是综合国力的提高。初一听起来，好像这个话题太大了一点，不过，认真想一想，这是有事实作依据的。20世纪90年代，出版业从中央到地方，都在呼唤精品出版，可是终归精品不多。是出版人不努力吗？是作家、学者不发力吗？是读者不需要吗？当然都不是。最重要的一条，就是那时候国家的综合国力还不够强，政府投向精品出版的资金少之又少，精品出版的社会购买力明显不足，成本较高的精品出版常常处于"无米之炊"的尴尬境地。

进入新世纪，我国逐步迈入中等收入水平国家行列，成为世界第二大经济体，综合国力明显提升，中央政府投向精品出版的经费也就逐年增加起来。国家先是设立"国家出版基金"，一开始安排两个亿，现在已经扩大到好几个亿的规模，扶持了许多精品出版项目；接着又设立"经典中国国际出版工程"，以文化"走出去"为目标，引导出版机构出版更多代表中华文化的精品图书；近几年又设立了"丝路书香出版工程"，按照中央"一带一路"的构想，为文化"走出去"开展更大规模的精品出版。

更不要说国家还设立了包括出版业在内的文化产业专项资金，年度投入资金量近10亿元，这当中，少不了有与精品出版直接相关的产业项目。这么一来，可想而知，不少出版机构不再是因为缺钱，拿着精品出版项目徒唤奈何，而是只恨自家精品出版项目不多不强,过不了严格的评审关。在这种环境下,出版机构受到激励,大力发动编辑策划精品出版项目,精心组织优质书稿,可谓意气风发、斗志昂扬。尽管国家的专项补贴资金并非什么奖金,只能专款专用,可是连作家、学者们都高度重视起来,以精品出版项目获得国家专项补贴资金为荣,以没有获得为憾。试想,这样一来,出版业不被催生出更多的精品书是不可能的。

说到精品出版的环境条件,在出版业内,精品书还是要通过市场流转实现应有的社会效益和经济效益。出版市场的价值取向如果不正确,市场秩序不好,同样催生不出更多的精品书。如果某些唯利是图的书店对精品书缺乏认识,没有兴趣,有限的书店空间自然就没有精品书一席之地,因为这些书通常是曲高和寡、流动较慢的。

这还不算最让出版人伤心的,更有甚者,出版人含辛茹苦、呕心沥血、殚精竭虑几年甚至十几年,好不容易打造出来的精品书,不知何时,已经被不法同行巧取豪夺,其中精华部分已经改头换面成了别人的最新成果。有时候也不知道哪儿来的那么多网络传播热心人士,把一部精品书全文上传,提供免费下载,害得作者和出版者叫天天不应,叫地地不灵。早些年还有一些销路好的精品书被不法书商神速盗版,低价倾销,害得正版书成了滞销书。这已经不是劣币驱逐良币,差不多就是强盗行径。近几年出版业精品书日益增多,不能不承认与市场环境有较大改善有很大关系。

前面说的两个方面的环境条件,都是宏大叙事,从整个行业来说,虽然对做好精品出版至关重要,不过,还不是大多数编辑出版人最顾忌的事情。对于一般编辑出版人来说,行业的大环境固然重要,可是出版集团乃至出版社,这些属于中观环境和微观环境的条件,更是不可或缺的。

现在全国半数以上出版社被整合在出版集团里面,这样一来,出版集团的文化环境对于精品出版的作用也是不可轻视的。一个出版集团,是不是主张多出精品书,将直接影响到全集团精品出版的力度。有精品战略、精品规划并且有相应举措,和基本上没有从战略上、规划上组织精品出版,结果是完全不一样的。有的出版集团领导层,特别是董事长、总裁,一说到战略规划、资产经营、多元发展、跨界重组、规模扩张,就如数家珍、意气风发,可是说到出版主业,说到精品出版,有时就会以有点儿轻慢的态度说"集团负责多赚钱,你们负责多出精品,有好书如果缺钱,集团保证投钱",言下之意是,集团领导在资金投放上予以保证,不催促编辑出版人去挣钱。这样的态度就已经不错了。殊不知,这是远远不够的。不要小看领导者注意力的作用。注意力决定领导力。出版集团领导如果注意力过多集中在资产经营上,所属出版社的产品经营特别是精品书生产难免不被忽视。领导者的注意力也是有黄金分割法则的。

受到出版集团这个中观环境直接影响的是出版社的社长、总编辑，编辑出版人则主要受到出版社微观环境的制约。如今一个中型出版社一年出版的新书就有上千种，小社也有几百种，这当中许多书肯定谈不上是精品，却也各有价值、各具风采，其中不乏一些畅销书。这些畅销书是出版社、编辑室的"现金牛"，各个编辑室和生产经营部门都要为它们奔忙，年度经济效益就要在这些书上体现。至于精品出版项目，一个社不会有太多，也不一定每个编辑室都有，有时候就显得有点儿落落寡合。精品出版专业要求往往比较高，通常是慢工出细活，一年忙下来，也许还只是一个阶段性的成果，大家如何看待精品出版往往就成为问题。百十号员工，有理解的，有支持的，也有不太理解、不太支持的，甚至还会有消极情绪出现。这些外界态度对承担精品出版项目的编辑的精神状态不可能没有影响。

对此，社长、总编辑要高度重视。社长、总编辑，特别是社长，如果他们重视精品出版项目，对精品出版的战略价值有明确的认识和主张，尤其是能够力主精品出版，那么，全社各部门就会认真对待精品出版的相关需求，也就会更快更好地催生更多精品书。反过来，如果他们对精品出版不感兴趣、不胜其烦，哪怕只是听之任之、无所用心,不用说,社里往往就会有一些人对精品出版采取取消主义态度。因此,我们要说,如果一个出版社没有形成精品出版所需要的良好文化态度,那么,要多出精品书将是不可能的。出版社正确的文化理性选择和价值追求,是做好精品出版不可缺少的条件。

说到这里,我们已经把精品出版所需要的环境条件作了一个比较全面的分析,那就是"日益增强的综合国力""良好的出版市场环境""出版集团充分的领导力"和"出版社正确的文化态度"。总之,精品出版是一项系统工程,出版业需要从宏观环境、中观环境和微观环境各个层面营造有利于开展精品出版的条件,这样才可能不断催生更多的精品书。

中华书局
《龙泉司法档案选编(第三辑)》

第6讲 文章合为时而著

"文章合为时而著,歌诗合为事而作",是唐代大诗人白居易的名言。白居易是中唐文学革新运动的发起者。他主张以诗歌制造舆论,努力有助于补察时政。他说:"总而言之,为君、为臣、为民、为物、为事而作,不为文而作也。"为此,他创作了大量反映现实生活的优秀诗篇。

在出版界,有不少编辑出版人也是以"文章合为时而著"的态度来做精品出版的。这方面最具代表性的大出版家就是商务印书馆的创始人张元济。

著名维新人士张元济先生,受李鸿章、盛宣怀等洋务大臣的关照,在南洋公学做了3年译书院的主事和公学总理。1902年,他忽然做出一个令很多人惊讶的决定:辞去南洋公学的所有职务,加盟商务印书馆。

当时的商务印书馆还只是一家以印刷会计簿册为主的印刷工

场,刚创办几年,尚无名气和地位。为什么张元济舍得放弃南洋公学的显赫位置,到一个弄堂的小工场里跟几位小业主合作呢?当时很多人并不理解。直到半个多世纪后,已经中风卧床多年的张元济用一首诗表露了自己的初心:"昌明教育平生愿,故向书林努力来。此是良田好耕植,有秋收获仗群才。"

商务印书馆
《天演论》

这里说的"教育"不只是我们通常说的学校教育,而是包括学校教育在内的"开启民智"的大教育。张元济不满足于主持一所南洋公学,而是希望通过书林耕植,出版更多好书,培养更多的人才。他在一封信里这样写:"中国四万万人口,只有四十万人受过教育,受过教育的人也就是学过几句八股文,对于应该知道的知识几乎都没有学到。在当今那么发展的世界上,这样下去我们的国家要亡。"

张元济就是为了"昌明教育,开启民智"来做出版的。张元济入职商务印书馆50余年,先是担任商务印书馆编译所的所长,后来又做经理、监事、董事长,把一生都献给了出版事业。

张元济亲自主持制订商务印书馆的出书计划。他的出书计划有一个非常鲜明的目标,就是精品出版——那时候还不叫精品出版,但就是精品出版的基本思路。他要求,做影印古籍,要选最好的版本;推介西学,要找最好的翻译者;出版新书,要用最好的设备、最好的纸张。张元济甚至对书的排版样式也要一再叮咛:

商务印书馆
《原富(上、下册)》

书的版框四周空白要宽展一些,"否则紧眉头,令人一见烦恼"。还有许许多多的事务他都亲力亲为,包括书稿他亲自看,有些书他亲自编,外面的联系他亲自出马,甚至选购纸张、添置印刷机、搜救古书,他都事必躬亲。

张元济进入商务印书馆时,正值中国数千年前所未有的大变局。成百上千的新式学堂在全国各地纷纷成立。张元济决定组织编辑出版一套新式学堂使用的国文教科书。他邀约了蔡元培、高梦旦等一批有识之士,参与到编撰新式教科书的工作中来。1904年,商务版《最新初等小学国文教科书》出版,被全国各地的学堂广泛采用,发行总量一度占到全国教科书市场的五分之四,翻印过30多次,印刷总量超过1亿册,成为晚清时期教科书的范本。

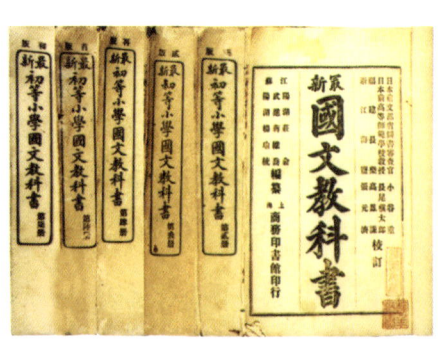

商务印书馆
《最新国文教科书》

商务印书馆
《茶花女遗事》

著名作家冰心曾经回忆说："我启蒙的第一本书，就是商务印书馆出版的线装的《国文教科书》第一册。"在张元济的策划下，商务印书馆连续编写出版了从小学、中学到大学的全套教科书，为当时的教育事业做出了历史性的贡献。

商务印书馆
《新字典》
（1912年版）

张元济主持的商务印书馆编辑出版事业，一直根据时代的需要，沿着精品出版的道路往前推进。当时学术文化思想西风东渐，人们急需读到更多外国学术和文学名著。张元济就组织翻译出版"世界文库"，其中严复翻译的西学名著，像《天演论》《原富》等，林纾翻译的欧美小说，像《茶花女遗事》等，影响特别广泛。

当时正处于提倡白话文的阶段，张元济就组织编辑出版了第一部白话文字典《新字典》。1912年，民国元年，商务版《新字典》出版，那可是一件大事。《新字典》是中国现代辞书史上的第一部汉语字典，改变了以《康熙字典》为代表的传统字典的编纂模式，而是以现代辞书学理论为指导，同时注意结合时代要求，在收字、释义、义项排列、附图、检索、附录等方面都有所创新。《新字典》依照时代对新辞书的要求，安排了一些附录，像"中外度量衡币表""中国历代纪元表"，非常方便读者查找。这在旧式辞书里是不曾有过的，让人们有耳目一新的感觉。《新字典》在辞书编纂方面具有划时代的意义，堪称自《康熙字典》之后近200年以来中国辞书史上的一部具有里程碑性质的字典。它的出版，实在是有赖于张元济"昌明教育，开启民智"的出版思想。紧接着，1915年，张元济组织编辑出版了中国第一部新式语文辞书《辞源》，开创了中国现代工具书出版的先河。《辞源》经过多次修订，2015年又出了第三版，仍然是我国一部非常权威的语文工具书。

张元济在精品出版上的贡献是多方面的。当时商务印书馆的老人很多，用的都是文言文，于是张元济主持了"大换血"计划，主张用新人，办新事。1920年，茅盾进入商务印书馆，张元济让他主持并革新《小说月报》。革新后的《小说月报》倡导"为人生的文学"，迅速成为新文化运动中最有影响的刊物之一。老舍、巴金、丁玲等著名作家都是通过《小说月报》走上文坛的。

在古籍整理出版方面，张元济也是坚持走精品出版的路线。当时中国最著名的古籍丛书是《四库全书》，但这部诞生于乾隆朝的古籍丛书，无论是选目、编辑还是抄写质量，都颇受后来学者的诟病。张元济以一己之力，率领商务馆同仁编选、校勘、影印出版了《四部丛刊》。《四部丛刊》的出版，赢得学术界、文化界一片赞誉之声。至今，古籍整理界依然对此书有公论，认为无论在选目的精当，还是在校勘和影印的质量方面，都远远超过《四库全书》。

完成《四部丛刊》初编后，张元济又组织了《百衲本二十四史》的编辑、影印出版工作。"百衲"二字取自古代和尚所穿的破烂补缀起来的衣服。因为"二十四史"中许多史书年代久远，版本杂乱，亟须编辑、影印一部版本最可靠的"二十四史"。张元济不仅挑出最好的版本作为底本，还将其他版本中不同的地方汇集起来，"百衲"于底本上，以供参读，殊为难得。

张元济之所以能成为我国出版史上的大出版家，与他在出版上的许多贡献是分不开的，而其中最重要的贡献就是主持出版了一批精品书。而这些精品书，又都是紧随时代，合为时而做，对国家和社会产生了历史性的影响，对于我们做好精品出版具有深刻的启示意义。

商务印书馆
《辞源》（1915年版）

第7讲 竞争做出精品书

扫一扫·听音频

在一个世纪前的中国出版业，有两个非常受人关注的竞争对手，那就是商务印书馆和中华书局。商务印书馆成立于1897年，中华书局则要晚得多，成立于1912年元旦。可以说，中华书局成立时，商务印书馆已经名满天下。在上一讲，我们已经介绍了商务印书馆的精品书，其中新式学堂国文教科书已经占到全国教科书五分之四的市场份额，"世界文库"激动人心，《新字典》开始普及，等等。而这时中华书局才刚刚挂牌，他的掌门人只不过是从商务印书馆脱离出来的出版部部长兼《教育杂志》主编陆费逵，是一位年方25岁的青年才俊。他要脱离在辛亥革命中偏于保守的商务印书馆是早有端倪的，可是他创立的中华书局竟然成为商务印书馆强有力的竞争对手，却是很多人始料未及的。至于他后来也成为具有代表性的大出版家，则是后话。

中华书局在创办伊始，就瞄准了商务印书馆的新式学堂国文教科书。陆费逵决心要做出中华书局的新式教科书。

陆费逵要做自己的新式教科书，就先从制造舆论开始。那时民国政府刚刚建立，接下来应该做什么，连很多为国民革命鏖战拼搏的仁人志士一时也莫衷一是。这时候，有一篇文章发表在《申报》的显赫位置上："清帝退位，民国统一，政治革命，功已成矣。今日最急者则教育革命也。""国立根本，在乎教育，教育根本，实在教科书；教育不革命，国基终无由巩固；教科书不革命，教育目的终不能达也。"这就是陆费逵起草的《中华书局宣言书》（以下简称《宣言书》）。在这份《宣言书》中，陆费逵宣布自己半载以来和同志编辑的教科书，小学部分已经初成，中学、师范部分正在进行。

果然，民国政府成立后立即把新教科书编写提上日程。民国政府首任教育总长蔡元培虽然是老商务人，却也必须从国家大局出发，对陆费逵的《宣言书》深以为是。他委托中华书局陆费逵和商务印书馆蒋维乔二人共同起草《普通教育暂行办法》14条，其中包括新课本大纲，由教育部于1912年1月19日通令全国执行。

商务印书馆由于对辛亥革命的形势判断明显不足，因而行动迟缓，仓库里存放的教科书内容上不符合共和思想，绝无发行可

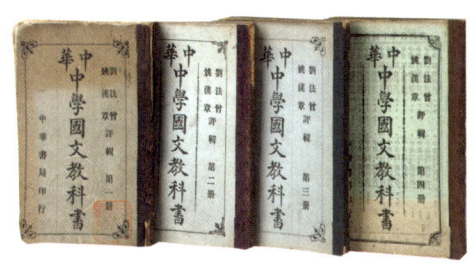

中华书局
《中华中学国文教科书》

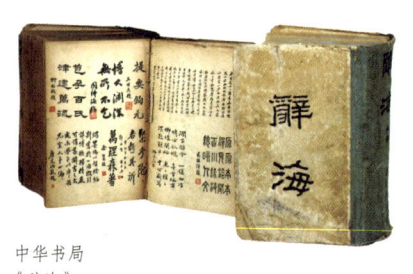

中华书局
《辞海》

能，而按照新课本大纲编写的新教科书直到1912年五六月才编好，匆忙应变，商机已失。这个时候，中华书局版《中华教科书》早就进入春季开学的中小学课堂。《中华教科书》由于内容适合当时的共和政体而大受欢迎。

民国初年，《中华教科书》几乎独占市场，上午摆出，傍晚即售完，架上无隔夜之书。陆费逵新编的《中华教科书》既满足了当时教育改革的需要，也为中华书局日后的发展奠定了基础。

中华书局在创办的过程中充分显示出，它既是时代的产物，也是竞争的产物。陆费逵一开始就选择商务印书馆作为竞争对手，这样就站到了巨人的肩膀上，有了很高的起点，因而在很短的时间内形成了对巨人的有力竞争。这也就注定了陆费逵一直采取竞争的姿态来做精品书。商务出《新字典》，中华就推《中华大字典》；商务出《辞源》，中华就推《辞海》；你印《四部丛刊》，我就出《四部备要》；你有《东方杂志》《教育杂志》，我则创办《中华教育界》《大中华》。

商务印书馆1915年出版《辞源》，中华书局也启动《辞海》编纂工作。请注意，中华书局编纂《辞海》，可不是照着《辞源》来做山寨版。中华书局是另辟蹊径，争取后来者居上。《辞源》的主要特色是侧重古汉语词语的溯源及演变，注意加注反切，既反映出现代音又反映出中古音，是一部阅读古籍用的工具书和古典研究的参考书。《辞海》的主要特色却是介绍一般语词和现代百科语词的基本知识，满足当时社会思想启蒙需要，适用于各行各业的普通读者。《辞源》重古，《辞海》厚今；《辞源》专深，《辞海》广博。两部辞书适应了不同读者的需求，显现了不同的魅力。尽管出版时间晚于《辞源》许多，可《辞海》上市后备受认可。当时有评论说："这部参考书从好几个方面来看，都说得上是后来居上。……要是给一般人通俗的参考而论，《辞海》的确可以说是现在通行的字典或词典中最完善的一部。"直到现在，《辞源》和《辞海》都还是我国最具权威性的两部辞书，各自发挥着不同的作用。

张元济主持商务印书馆《四部丛刊》的编选、校勘、影印，陆费逵就主持中华书局《四部备要》的出版。这样一来是不是重复出版呢？陆费逵当然不会落入拾人牙慧、重复出版的窠臼。《四部丛刊》不是注重版本吗？好，《四部备要》就注重实用。譬如，《四部丛刊》缺少多部《十三经》的注疏本，《四部备要》就基本上囊括了《十三经》的重要注疏，给学者研究国学提供极大的便利。这是《四部备要》注重实用的表现。

还有很多体现《四部备要》注重实用性选

中华书局
《四部备要》合集

中华书局
《四部备要》

目的例证。譬如,《四部丛刊》没有选黄宗羲的《宋元学案》《明儒学案》《明夷待访录》,而黄宗羲的《明儒学案》被梁启超认为是中国研究学术史第一书,《宋元学案》是清代史学之光,《四部备要》就把它们选入了。又譬如,江藩的《汉学师承记》,是当时第一个挂出"汉学"二字招牌的学术著作,传布最广,影响最大,《四部丛刊》也没有选,《四部备要》则选了。关于这样的对比例证,还有很多,举不胜举。我们不是说《四部丛刊》质量不好,张元济强调的是选入版本精准,为此难免在选目上顾此失彼,而《四部备要》在《四部丛刊》之后编选、校勘,理当可以做得更好。对于这两部大型古籍丛书的价值,海内外久有定评,认为各有所长,不可或缺。

在中国现代出版史上,商务印书馆确实是筚路蓝缕的开创者,而中华书局的基本策略则是做发扬光大的跟进者,而且跟进速度极快,几乎没有太大的时间差,且有更胜前者一筹的地方。跟进也是一种竞争策略,不是跟风和跟潮,更不是简单的模仿,而是在前人基础上的创新与超越。开创者要有眼光,跟进竞争者也要有眼光。后者的眼光更要独特一些,要善于发现、选择适当的跟进目标,要善于建立持续创新的后发优势。中华书局的许多精品书就是在这样的跟进竞争中打造出来的。

第8讲 中国也要做好自己的"彩虹丛书"

1963年,德国苏尔坎普出版社启动了一项重要的出版工程,那就是"彩虹计划"。"彩虹丛书"就是这项出版工程的重要成果,被德国的思想文化界称为二战后处于迷茫中的德意志民族最重要的精神食粮。一开始,"彩虹丛书"作为展示德国文学新成就的平台,推出新作家的处女作和老作家的新作,进而扩展到哲学、社会学、政治学和社会心理学等社科方面的力作,包括哈贝马斯、黑塞、阿多诺、弗里施、布莱希特、伯恩哈德、卢曼、贝克、汉德克等德语作家、学者的重要著作,后来又收入本雅明、维特根斯坦、马尔库塞、福柯和布卢门贝格等人阐述新思想、新认识和新精神的著作,进而扩展收入世界文学、思想文化方面的其他重要著作。到目前为止,"彩虹计划"已经出版了2000多种图书,其中不少图书被译成10多种文字,介绍到世界各地。

直到现在,我们去到德国某家大书店,或许还能惊讶地发现,单色调封面、朴素大气的"彩虹丛书"已经能够占据很大的一整面墙壁。在这一整面墙上,整套丛书的封面用赤、橙、黄、绿、青、蓝、紫7种颜色标识7个系列,犹如一条彩虹,默默见证了德国文学、哲学、社会科学乃至整个德语文化的变迁——从过去的黑格尔、本雅明、阿多诺,到当下德国图书奖的某些获奖图书。正如德国作家乔治·施泰纳所说:"它决定了德国文化与知识最先进的层面,哪怕其中的知识来自纳粹企图毁灭的犹太人,它们都被一视同仁地放在了书架上,象征了这个时代最进步的声音。"

德国"彩虹丛书"的出版是具有国家意义的。第二次世界大战后,作为战败国的德国被分为两半。战争摧毁了建筑,更摧毁了人们的信仰和精神,整个国家弥漫着颓废、黯淡的情绪。在这个艰难时刻,德国著名哲学家赫尔曼·黑塞找到他的学生翁泽尔德,说德国战败,德国人的心死了,你最好去做文化工作,做杂志或做出版,重新唤起德国人的精神。翁泽尔德1952年进入苏尔坎普出版社,随后规划了著名的"彩虹计划",于1963年开始实施。"彩虹丛书"为战后新一代德国人系统地普及了德国和全世界的优秀文化,提升了整个德意志民族的思想文化水准。

2002年,"彩虹丛书"的策划人、出版人翁泽尔德去世,惊动了时任德国总理施罗德。他与全球数十位政要、著名学者、作家等一起,参加了这位为国家做出重要贡献的出版家的葬礼。

商务印书馆
"汉译世界学术
名著丛书"

翁泽尔德的出版业绩已经成为一种标志，不少有理想有抱负的出版家皆以他为楷模，希望自己能够为国家、民族、社会做一套"彩虹丛书"。历史也有惊人的相似。有读者认为我国商务印书馆的"汉译世界学术名著丛书"与德国的"彩虹丛书"有相似的地方。

先说一个最为相似之处。"彩虹丛书"用7色标识7个系列图书，"汉译世界学术名著丛书"则是用5色标识5个系列图书。这是接触过这套丛书的细心一点的读者都能够注意到的。这套丛书中，哲学系列是橙色，历史地理系列是黄色，政治法律社会学系列是绿色，经济系列是蓝色，语言学系列是赭色。

再说一个比较相似的地方，那就是丛书对于国家精神文化的贡献。"汉译世界学术名著丛书"第一辑（50种）在1982年隆重推出。当时正值改革开放之初，激发了新一波思想启蒙的时代浪潮，为现代中国的解放思想奠定了精神基础。费孝通先生曾对"汉译世界学术名著丛书"有过这样的评价："商务印书馆历来重视移译世界各国学术名著，对'四化'的贡献就在此旨。把名著译本汇编成'汉译世界学术名著丛书'，这是一项有益于振兴中华的文化工程。"

说起"汉译世界学术名著丛书"的起源，有一个名字必须提到，那就是老一辈出版家——陈原。早在1953年，陈原还在担任人民出版社副总编辑兼三联书店编辑部主任的时候，他就已按照上级部署开始进行世界学术名著的选译工作。他组织制订了《外国名著选译十二年（1956—1968）规划总目录》，共收书1614种。1979年，陈原开始担任重新恢复独立建制的商务印书馆的总经理兼总编辑。他做的第一件大事就是在20世纪五六十年代商务印书馆翻译出版的数百种单行本学术译著的基础上，于1982年出版了"汉译世界学术名著丛书"第一辑（50种）。他同时撰文发表在《人民日报》上："通过这些著作，人们有可能接触到迄今为止人类已经达到过的精神世界。这许多书的作者都是一个时代、一个民族、一个阶级、一种思潮的先驱者、代表者；他们踏着前人的脚印，开拓着新的道路；他们积累了时代文明的精华（当然有时亦不免带有偏见和渣滓），留给后人去涉猎，去检验，去审查，去汲取营养。"1984年，邓小平为此专门做出指示：要用几十年的时间把世界古今有定评的学术著作都翻译出版。现在，这一皇皇巨著已经达到700种的规模。可以说，"汉译世界学术名著丛书"的出版,几乎全程参与了中国吸收世界知识成就以促进中国当代改革事业的历史。它既是这段历史的推动者,也是这段改革的成就之一。

为历史前进发挥推动作用,这是精品出版工程的宗旨之一。改革开放新时期,致力于类似"彩虹丛书"出版工程的出版社并不在少数。编撰出版《中国大百科全书》和全译《不列颠百科全书》的中国大百科全书出版社,正是秉承着解放思想、传承科学文明的宗旨为改革开放的新时期做出贡献的。20世纪80年代,四川人民出版社出版的"走向未来丛书"(74种)和湖南人民出版社及岳麓书社出版的"走向世界丛书"(35种)也努力反映当时中国思想解放的前沿思考。还有当时上海三联书店出版的"当代经济学系列丛书",都在努力为改革开放的历史发展发挥推动作用。

新世纪之初,中国出版集团公司成立,我们也曾努力以集团所属名牌出版社为基础,邀约全国出

四川人民出版社
"走向未来丛书"

版业同好,做一套反映中国 20 世纪百年思想文化学术历史和出版业成就的丛书,名为"中国文库"。原计划收书 1000 种,已经做到 500 多种,我因为年龄原因,不再在集团公司任职,文库无疾而终,殊为遗憾。

岳麓书社
"走向世界丛书"

第9讲　主题出版也要走精品路线

围绕国家重大节日、重大活动、重大事件策划组织出版活动，这是出版业的一个传统。过去出版业称之为出版社的"事件营销"，内涵略有些含混，现在称之为"主题出版"。我的理解是，以纪念国家重大节日、宣传重大活动、记录重大事件为主题的出版活动，就是主题出版，内涵要求比较明晰。

我们的出版事业，要坚持正确的方向和导向。做好主题出版，是出版人的责任和使命所在，这已经成为共识。为此，近几年来，每一年度出版业都会组织出版一批主题出版的重点出版物，对国家的政治生活、文化生活、社会生活乃至经济社会都会产生影响。

那么，出版社在做好主题出版的同时，是不是也能使其中一些出版物成为精品出版物呢？这个要求当然是合理的。我们曾经说过，精品图书应当是"有着一流的内容、一流的编辑、一流的校对、一流的印装、一流的推广、一流的评价的标志性图书"。

精品图书应当"功在当代,利在千秋",传播得开来,留存得下去。不能说因为是主题出版物,同时就是精品出版物,要成为精品出版物,还要在主题正确的前提下按照出版的规律做出精品出版物来。

在苏东剧变,国际共产主义运动发生重大变化的重要关头,新世界出版社推出了《历史的轨迹:中国共产党为什么能?》一书,不仅在国内热销,在法兰克福国际书展上也引起了许多国外出版人版权交易的强烈兴趣。这部专著的作者谢春涛教授学术功底扎实,因此该书论述有理有据,行文平和,分析深入浅出,读来自然亲切,堪称通俗理论读物的精品。当然,这个选题设计得很好,有很强的国际政治背景的针对性,书名起得也好,有悬念,有故事,增强了可读性。

新世界出版社
《历史的轨迹:中国共产党为什么能?(修订版)》

在践行社会主义核心价值观活动中,出版业围绕这一主题出版了不少图书,其中生活·读书·新知三联书店的《中华文明的核心价值:国学流变与传统价值观》赢得了广泛的赞誉,获得了多种奖励。这部书的作者陈来教授将中华文化价值流变放在全球化进程中探讨,在中西方文明比较中清醒认识中华文化、把握中华文化,从而树立文化自信。这部书有一个最大的贡献,就是概括出了中华文明核心价值有别于西方的四大特点,即责任先于自由,义务先于权利,社群高于个人,和谐高于冲突。这就使得这

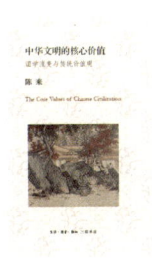

生活·读书·新知三联书店
《中华文明的核心价值:国学流变与传统价值观》

辽宁教育出版社
《中国读本》

部主题图书具有比较高的学术价值,堪称学术文化图书的精品。

做不做主题出版,要看出版人的责任感和使命感,而能不能把主题出版物做成精品,则要看出版人的专业能力。

主题出版,不少情况下是要出版社和作者围绕国家重大活动、重大事件来策划选题,开展写作和编辑工作。早在 20 世纪 90 年代,推动中华文化走出去、让世界了解中国,具有很强的紧迫性。辽宁教育出版社就及时邀约著名作家苏叔阳写作文化读物《中国读本》。这既是一部介绍中国历史文化的外向型读物,也是我国青少年爱国主义教育的精品读物。后来,这部书不仅取得了版权输出的丰硕成果,也成为国内图书市场上的畅销书和常销书,获得了国家级大奖。1998 年,我国长江流域遭遇百年不遇的洪水灾害,广大军民开展了可歌可泣的抗洪斗争。在这一国家重大事件中,不少出版社都派出编辑团队及时组织反映抗洪斗争的书稿,结果有两部书获得了中宣部"五个一工程"优秀图书奖,一部是湖北教育出版社出版的《众志成城——'98 长江抗洪图》,一部是陕西人民出版社出版的《'98 长江大决战》。有人要问,怎么一个事件会有两部书获得同一个大奖呢?这是因为两部书各具特色,各有价值。前者是抗洪斗争摄影画册,场面真实,波澜壮阔,震撼人心;后者是著名军旅作家的纪实文学作品,深入细致,扣人心弦,直抵人心,

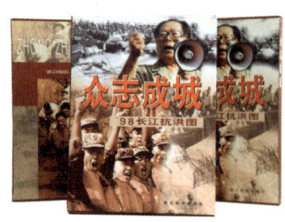

湖北教育出版社
《众志成城——
'98 长江抗洪图》

两部书刚好形成内容阅读和艺术审美上的互补。这就让我们再一次领悟一个道理，那就是：创新是精品出版的重要原则，即便是主题出版，也要坚持这个原则，否则千人一面、千书一个样，势将难以成为精品。

陕西人民出版社
《'98长江大决战》

坚持创新的精神来设计主题出版选题，越来越成为出版业的共识和共同努力的方向。我们在中宣部、国家新闻出版广电总局公布的《2017年主题出版重点出版物选题》中看到，关于"一带一路"倡议，入选了两个选题，一个是北京大学出版社的"'一带一路'协同发展研究丛书"，另一个是长江少年儿童出版社的《"一带一路"青少年普及读本》。我们精神为之一振，拍案叫绝。前者是一个学术研究性选题，应当会对"一带一路"倡议的实践提供重要支持，这一选题由学术出版水准很高的北京大学出版社提出并实施，极有可能成为一套精品丛书；后者另辟蹊径，作为少年儿童出版社，看准了青少年读者了解国家重大活动的需求，设计了专门针对这些读者的选题，如果编辑部门选择好合适的作者，作者能够精心写作，这也完全可能成为一部具有特色的精品读物。

长江少年儿童出版社
《"一带一路"青少年普及读本》

从长江少年儿童出版社创新设计《"一带一路"青少年普及读本》选题的案例，我们还可以得出一个启示，那就是出版社注意以自己的优势领域为基础去设计主题出版的选题，往往可以获

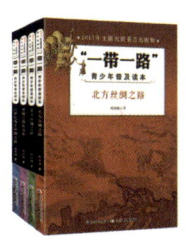

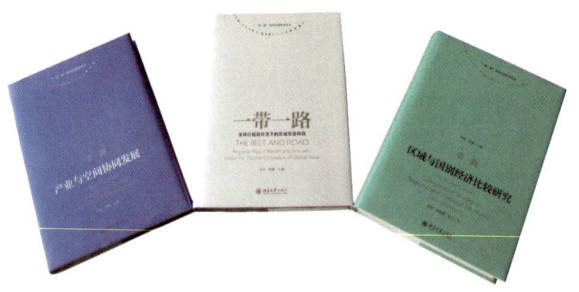

北京大学出版社
"'一带一路'协同发展研究丛书"

得事半功倍的效果。2015年,为纪念抗日战争胜利70周年,许多出版社都设计了与抗日战争内容相关的选题,其中,中华书局的《重读抗战家书》产生了突出的影响。中华书局是我国古籍出版的领军出版机构,书局独具慧眼,利用多年来在文献古籍出版上积累的经验和优势资源,组织编撰,奉献了一部充满爱国主义精神、牺牲精神和人文情怀的精品图书。很多读者捧读此书,感动得流下眼泪。

最后,我们还要说,要在主题出版中做出精品图书,出版社要树立大局观,要未雨绸缪做好长期打算,做好书稿的组织工作。近10年来,人民文学出版社连续推出《长征》《解放战争》《朝鲜战争》《抗日战争》等双效俱佳的长篇纪实文学作品,在主题出版领域一直有着突出表现。这和人民文学出版社与著名军旅作家王树增长期保持合作关系是分不开的。这种合作还不单单停留在一部部新书的出版上。在纪念中国工农红军长征胜利 80 周年之际，人民文学出版社又出版了王树增《长征》的修订本，支持作家对原来已经获得很大荣誉的作品《长征》做了重要修订，使得作品更臻完善，成为更加过硬的精品图书。这体现了出版社在主题出版生产上精益求精的追求。

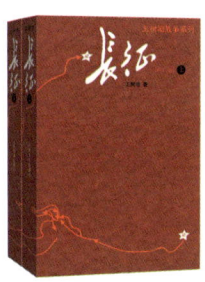

人民文学出版社
《长征（修订版上、下）》

中华书局
《重读抗战家书》

第 10 讲　主题出版的"三性"

　　关于主题出版也要做成精品这个话题，我多次强调：主题出版一定要遵循出版规律，只有遵循出版规律的主题出版才有做成精品的可能。有些同行来信表示赞成这个观点。同时也还有同行来信，表示希望进一步了解做好主题出版争取两个效益更大化的经验。关于主题出版，不少出版社介绍过自己的成功经验。有些是由于获得了特殊的机会，在别的出版社那里很难复制；而大多数内容大同小异，在这里太过重复也不好。之前，我读到中国方正出版社的王旭婷写的一篇论文《主题出版图书策划应把握好三个维度》。文中提出了主题出版选准角度、找准作者、用活形式三个维度。这看似简单，却讲中了主题出版的内在规律。我根据自己的实践和理解，对"三个维度"的说法做了一番演绎，总结出了主题出版要注意的"三性"：一是精准性，这是主题出版物选题的基本规律；二是权威性，这是对主题出版物作者的首要要求；三是通俗性，这则是对主题出版物内容的普遍要求。

我们先说精准性，这是主题出版的基本规律。中共党史出版社出版的《穿越历史时空看长征》被评为2016年度"中国好书"。这本书为什么好？当然，内容好、思想好，都是没有问题的，但是，在众多纪念红军长征胜利80周年的读物中，这部书的突出之处就是有一个精准定位，那就是作者所说的"适合广大青少年朋友阅读的红军长征读物"。既然要适合广大青少年朋友阅读，那么，不仅全书的叙述要明白晓畅有趣，更重要的是，要引领当代青少年读者穿越历史时空来看长征的历史意义和长征精神的历史价值。正因为这两方面都做得到位，这部书也就在众多纪念红军长征胜利80周年的读物中脱颖而出了。

中共党史出版社
《穿越历史时空看长征》

江西人民出版社出版的一部纪念长征胜利80周年的主题出版物，同样也有自己独特的角度。这本书叫《红军长征80个历史细节》。一看书名，读者就想知道书中的内容，因为历史细节往往精彩动人，而这部书里竟然汇集了80个历史细节，当然能引起读者强烈的阅读兴趣。

江西人民出版社
《红军长征80个
历史细节》

写英雄，弘扬英雄主义，是主题出版中最常见的题材，也是主题出版中最容易重复、雷同的选题。当然，如果能选好角度，能够做到精准地设计选题，选题创新也是能够做得到的。江苏凤凰少年儿童出版社出版的《因为爸爸》这部儿童小说，书写的是

江苏凤凰少年儿童出版社
《因为爸爸》

当前警察中的英雄人物。作家有自己独特的构思,她借助一位英雄的孩子金果的眼睛,去观察生活中默默奉献乃至牺牲生命的公安人员群体,让我们读了深受震撼。而且,作品通过描写金果灵魂的苏醒,呼唤对英雄的重新认识和解读。看起来,这部作品好像是作家带领孩子其实也是带领读者在价值多元的时代,去观察生活、反思生命,激发每个孩子甚至每个读者心中爱他人、爱民族、爱祖国的情怀。

安徽少年儿童出版社出版的《永远追随》,也是主题出版中的一部儿童小说。这部小说写的是红军在长征途中,借用了一家农户的毛驴,农户的两个小孩对毛驴很不放心,就跟随着红军部队行军,以至于参加了红军的长征。作品很巧妙地通过小孩的视角,表现了红军长征中的艰苦卓绝,以此帮助当代少年儿童加深对革命的理解,激发他们的革命情怀。

下面说说权威性,这是对主题出版物作者的首要要求。我们知道,原创出版物成功与否首先取决于作者。我们常常说作者是第一位的,作者是出版物质量的第一保证,更不要说对主题出版物作者的要求了。主题出版物的题材和主题通常是"高大上"的,不是宏大叙事就是严肃话题,倘若作者的权威性不足,不仅难以驾驭这样的内容,也难以获得各方面的认可。因此,出版社要在作者的选择上下足功夫。

安徽少年儿童出版社
《永远追随》

《穿越历史时空看长征》的作者王新生，是中共中央党史研究室研究员，从事党史工作与研究已经30多年，并长期从事中国共产党新民主主义革命时期的历史研究，尤其是红军长征史的研究。1996年，在纪念红军长征胜利60周年时，王新生曾参与过《红军长征史》的写作，因而，请他来写《穿越历史时空看长征》实在是正合适。

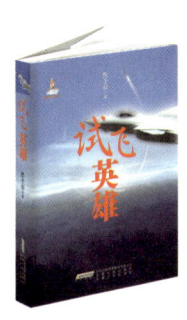

安徽人民出版社
安徽文艺出版社
《试飞英雄》

《红军长征80个历史细节》是出版社直接策划设计的选题。为了这个项目的成功，出版社特别用心地去物色能够担纲写作任务的作者。最后，他们选择了解放军军事科学院的褚银大校。褚大校也是一位红军长征史研究专家，对于长征中的大量历史细节了然于胸，而且出版社的编辑跟他有过合作，双方能够很好地沟通和交流。事实证明，选择这位权威作者是非常合适的，最后在80个历史细节的选择确定过程中，双方既能坦诚交换意见，又能保持友好默契的合作，从而确保了全书的内容质量和出版进度。

纪实文学《试飞英雄》是安徽人民出版社、安徽文艺出版社联合出版的主题出版物，入选了2017年度"中国好书"和2017年度"大众喜爱的50本好书"。这样一部原创性作品，作者的选择尤其重要。作者张子影是一位空军诗人，发表出版过大量的作品，而最让出版社动心的是作者的父亲就是一名飞行员，因而她对蓝天有一份独特的情怀。据说，凡接受过她采访的人都会被她的真诚打动，而她也渴望用饱含感情的文字去记录那些真实的试飞英雄。这部作品写得诗意盎然，荡气回肠，让人读罢会久久回味。

前面说到的儿童小说《因为爸爸》和《永远追随》，两部书都是作家个人的原创作品。前一部书的作者是一位著述颇丰的儿童文学作家，获得过全国优秀儿童文学奖、《儿童文学》首届十大青年金作家奖等各种儿童文学奖，出自这样一位为少年儿童读者所熟悉的作家的长篇小说新作，质量自然是有保证的；后一部书的作者柳建伟更是著名作家，获得过茅盾文学奖，其作品更是具有相当的权威性。

最后再说通俗性，这是对主题出版物内容的普遍要求。我们说主题出版物内容的通俗性是普遍要求，并没有说所有主题出版物都必须通俗。事实上，从近10多年来出版的重点主题出版物来看，也有一些具有较强理论性的图书，比如政治理论、党建理论和经济建设理论方面的图书，但总体来看，大多数主题出版物是通俗易懂的读物。而且，通俗性是许多产生了广泛影响的主题出版物几乎一致的特点。

前面我们说到的《穿越历史时空看长征》《红军长征80个历史细节》《试飞英雄》《因为爸爸》《永远追随》这些主题出版物，通俗性可以说是它们共同的特点。从《苦难辉煌》到《历史的轨迹：中国共产党为什么能？》，从"理论热点面对面"系列的《辩证看 务实办》到"最美基层干部"系列的《让兰辉告诉世界》,从立足于中国大众社会的《中华传统美德教育读本》到版权输出海外的《舌尖上的中国》,这些书既有面向党员干部的,也有通俗易懂面向普通大众的,有为大学生提振理想、培养情操的,还有专门给青少年设计的活泼可爱的图书。它们的内容都有所创新,形式都生动多样,文风都新鲜活泼,都易于为相应的读者所接受。主题出版自然要有正确的理论做指导,重视学术性是主题出版的核心要求。可是,主题出版主要的并不是理论研究,不是从学术到学术,否则,主题出版的路子就会越走越窄。学术出版,可以深入深出,而主题出版,更主张深入浅出,这是为了更好地弘扬和普及国家和社会的主流文化。这是主题出版的宗旨和目的。要做到这一点,通俗性也就是其中的普遍要求了。

第 11 讲　一套献礼书的故事

1999年6月中旬，为迎接新中国成立50周年和世纪之交，北京市新华书店西单图书大厦邀约人民文学出版社、作家出版社、中国青年出版社和解放军文艺出版社联合举办"百年中国文学图书展销"活动。我们知道，北京西单图书大厦经常会举办各种图书销售活动，大厦正大门前几乎时时都有好几条大幅红布条从楼顶悬挂下来，让人觉得有气势、很热闹，至于活动的意义在哪里，一般人倒不一定去关注。可是，眼下西单图书大厦这个邀约对我却有点儿触动。

是什么触动到我呢？

因为当时我刚到人民文学出版社当社长，发现社里并没有准备关于千年之交、世纪之交尤其是新中国成立50周年的重点选题。作为一个文学大社，关于新中国成立50周年大庆竟然没有做任何准备，这自然成了我的一个心结。作为一家国家级大社，面临国庆50周年和人类百年之交乃至千年之交，恐怕不能就此袖手而过！

对于一个时时怀揣着有所作为理念的出版人来说，任何一个触动都可能激发他创意的灵感。

我当时忽然想到，能不能就西单图书大厦提议的"百年中国文学图书展销"活动再做一些事情呢？是不是可以编写出版《百年中国文学图书提要》呢？可是这个选题遭到社里多数人的反对，主要理由是时间太紧，写作任务太重。说实话，大家的反对是有道理的，做出版不能花太多的精力直接运作内容生产，要不然会出现事倍功半的尴尬。

不过，关于百年之交乃至千年之交，特别是新中国成立50周年的出版策划，还是我的一个心结。

全世界都在为千年之交、百年之交亢奋不已，各种纪念活动层出不穷，甚至联合国都将举行各国元首的千年大会，我主持的出版社不能没有一点儿有价值的响动吧。"百年中国文学图书展销"也许算得上是一件事，可这毕竟缺少专业含量，总觉得不过瘾。

我盼望着尽快有个灵感。

灵感说来就来！

一天，饭后读报，我忽然在《参考消息》上读到转载的一则报道，不禁怦然心动。转自香港的报道称，香港《亚洲周刊》评出"二十世纪中文小说一百强"。该刊邀请海内外的14名评委投票，于1999年6月选出"一百强"。报道还附有"一百强"小说的名录。百部世纪小说分别出自中国大陆、台湾地区和香港特别行政区，其中台湾小说占比超过四分之一，香港作家的作品有10部，显然在比例上还有些值得商榷，可是，能够把鲁迅的作品排在首位，还选上了一些革命小说，对于来自香港的评选，这也很难得了。

我之所以怦然心动，是因为发现了一个机会。这个评选显然仿效了欧美国家"20世纪百大英文小说"的评选，虽然有所不同，后者评选的全部是长篇小说，前者则是长篇小说和小说集。于是，我发现了一个机会：为什么单单评小说而冷落诗歌、散文等其他文学作品呢？我在出版社曾经多次表达过一个态度，不能因为小说受普通大众读者欢迎，人民文学出版社就变成一个小说出版社，而应当坚守文学出版的使命，否则就成了商业出版而不是专业出版。香港评选小说，我们完全可以评选百年来各类文学作品。一切机会都是方向，只是并不容易被我们发现，现在忽然之间就被我发现了。我激动难耐。我们可以将这次评选作为礼物献给国庆50周年了！

组织"百年百种优秀中国文学图书"评选活动的计划，受到出版社领导班子的一致拥护。

我们设计的评选活动分为三个层次:第一个层次,由出版社全体编辑提出1900年以来的优秀中国文学图书书目400种;第二个层次,邀约现当代文学著名中青年评论家组成复评委员会,在初选书目中选出150种;第三个层次就是终评,由现当代文学界的权威评论家、学者、教授组成终评委员会,以讨论并票决方式从150种书目中选出100种。

评选过程十分严肃认真。我们邀约许多报刊媒体记者参与监督,坚决杜绝暗箱操作。也许是因为现场记者来得比较多,终评气氛比较紧张。尽管如此,评委们该说什么照说不误,讨论相当热烈。经过一个上午的热烈讨论和认真的投票,"百年百种优秀中国文学图书"的书目终于诞生。紧接着的两天,许多报纸媒体发出了新闻,其中《中华读书报》的报道题目给我们留下深刻印象,即《文学殿堂开摆文学盛宴》。这正是我们所期待的社

人民文学出版社"百年百种优秀中国文学图书"

会效应。

中国出版界、文学界回顾百年创作和出版成就，进行比较客观全面的评价，自然会受到海内外许多报刊的关注报道，也为我国的百年之交和新中国成立50周年庆祝活动增加了一个话题。此项评选结束，我们又提议，由人民文学出版社牵头，邀约作家出版社、中国青年出版社和解放军文艺出版社等共同出版"百年百种优秀中国文学图书"。北京市新华书店立刻表示可以包销10000套，也是十分给力。如此一来，人民文学出版社既在国家重大节庆活动中出了彩，解开了我的一个心结，又能把这个经专家权威评选而成的书目经营成一项颇具收藏价值和经济效益的出版项目，真是皆大欢喜。我亲自执笔撰写这套书的出版前言，只觉得春风得意，写得意气风发、一气呵成。

我拿什么献给你，我的祖国！献上一套"百年百种优秀中国文学图书"，我们心中无大愧了。

一次见微知著、趁势而上的专业评选，成就了一项专业活动，尤其是成就了一项精品出版。请诸位读者上网浏览一下"百年百种优秀中国文学图书"的书目，还真不可谓不是精品。我们还将图书的最初版本资料都记录在榜单上。看着这些各种文体的现代文学名著后面缀着的当年那些品牌出版机构的名字，人们会在感念那些著名作家的同时，回忆起早年间那些出版机构的功绩，全套书目为此也就增添了一些书业的趣味。热爱文学的人们啊,想一想吧,倘若家里藏上这样一套如此精当而丰富的现当代中国文学名著丛书,又是一件多么惬意的事情!

第 12 讲　原创：文学精品出版的成功之道

说到精品出版，文学出版社的编辑出版人立刻会感觉到很大的压力和挑战。文学出版不像社科出版。社科出版主题鲜明，只要瞄准几个大主题，设计选题就不难，无非是"相关题目＋一流专家学者"，这样至少入选重点选题就不太困难。当然，前面我们也说过，选题设计的独特性必不可少，可最初的难度也只在于标题党的一点功夫，至于成书后质量如何，可想而知，一流专家学者的水平不会太失水准。当然，最后是不是精品，还有一系列的评价过程，但是毕竟能够在起跑线上就看出一点输赢。

文学出版的事情就不是那么好把握了。有一段时间，文学出版最常见的手段是选本，如年选、十年选、百年选甚至千年选；还有主题选，如红军诗选、抗战诗选、解放区诗选、烈士诗选、新时期诗选；还有就是文学体裁选，如散文大选、小说大选、纪实文学大选、诗歌大选、朗诵诗歌选；还可以分作者层次选本，如青年作家百家散文选、实力派作家百家小说选、桂冠诗人百人选；还有对最能代表中华传统文化的唐诗、宋词、元曲、楚辞、诗经、汉赋、园林、建筑、民俗、艺术等进行选读，雅俗共赏……如此等等，不一而足。当然，在文化积累需求凸显的时候，选本是可以满足读者需求的。特别是篇幅短小的作品，尤其需要借助选本集中存留下去。古人称编辑为选家，可见选编工作总还要做下去。

然而，倘若编辑出版人把心思集中在这些方面，打算通过选本做精品书，尤其是要做获奖的精品书，做主流出版集中推送的精品书，譬如"大众喜爱的50本好书""中国好书"等，那么，恐怕就缺乏竞争力了。而且，尤其要注意的是，大凡选本，往往大同小异，人人都可以有一亩三分地，产品重复的可能性极大，有可能造成重复出版、库存积压的后果。

这时我们就要说了，"原创：文学精品出版的成功之道"。

现在，一些优秀文学出版机构，越来越重视原创长篇小说、纪实文学的组稿和出版工作。其中，江苏凤凰文艺出版社表现尤为突出。从2009年开始放弃教辅出版、彻底转型为专营大众图书出版以来，经过多年的努力，他们已经连续推出了几套口碑与销量兼具的作品。"十二五"期间，他们推出了"原创中国""凤凰原创"等多套当代名家长篇小说丛书，收录了范小青、叶兆言、

江苏凤凰文艺出版社
《美哉少年》

李锐、陈世旭、田中禾、谈歌、张欣、尤凤伟、海男、严歌苓、吕新、储福金等一批优秀作家的长篇力作。2016年，国家新闻出版广电总局公布了"十三五"国家重点出版规划项目的名单，江苏凤凰文艺出版社更是以5个项目入选全国文艺原创精品工程，即苏童著《枯水塘史》、石钟山著《牺牲1937》、邱华栋著《时间的囚徒》、叶弥著《美哉少年》、裔兆宏著《国家情愫：中国大援疆全纪实》，入选数在全国文艺出版社中名列第一。

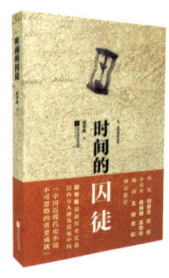

江苏凤凰文艺出版社
《时间的囚徒》

百道网采访江苏凤凰文艺出版社总编辑汪修荣时，他谈到他所理解的原创出版三层意义，讲得很好。汪总编认为，原创出版第一层意义是指在国内市场是真正意义上的第一次出版；第二层意义，对文艺社来说，原创主要指长篇小说，同时还包括优秀的长篇纪实和传记作品、长篇散文；第三层意义则更多是指优秀的作品，尤其是名家力作。换句话说，他所指的原创文学主要是指首次出版的优秀的长篇作品。汪总编说："原创很重要，但对于一家出版社的图书比例来说，原创肯定不会大到不可控制的地步。我们对于原创的原则和态度是'少而精'。国家现在大力推进文艺作品的原创，这是重大利好，但要做好原创必须要做精品，而不是简单地推出只求数量的原创作品。没有价值的原创作品没有什么出版价值，也不是我们追求的原创。可以说，质量是原创的生命。"

非虚构作品也是江苏凤凰文艺出版社的一个传统优势领域。近年来他们出版了一系列优秀原创传记和纪实精品,不仅取得了良好的社会效益,也取得了不俗的经济效益。如长篇传记《布衣壶宗:顾景舟传》被评为2015年度"中国好书",发行量超过5万册。此外,夏坚勇的《绍兴十二年》、陈庆港的《十四家》《最漫长的十四天:南京大屠杀幸存者口述实录与纪实》等一批非虚构原创精品的出版,使江苏凤凰文艺出版社的影响力进一步增强,其中《绍兴十二年》被评论界称为近年来最好的历史类非虚构作品之一。

江苏凤凰文艺出版社《国家情怀:中国大援疆全纪实》

谈到文学出版,我不由得想起著名编辑家、作家,人民文学出版社的老社长韦君宜说过的一句话:"长篇小说是人民文学出版社的牡丹花!"这句话不仅在人民文学出版社成为名言,就是在我国文学出版界也传布很广。老人家这么说是有点儿风险的,因为人民文学出版社建社之初,创始人冯雪峰就定下了"古今中外,提高为主"的方针,长篇小说虽然重要,可也只能是其中一个部分,韦君宜老社长这么强调,不怕招致其他门类图书编辑的意见吗?好像这话说了,几十年过去了,人民文学出版社内并没有古典文学编辑、外国文学编辑等其他门类的图书编辑出来反对,因为只要略有常识,就知道广大文学读者最期盼的还是原创文学精品，他们对于文学图书出版社的期待主要还是原创长篇作品，这是现代社会文学阅读的趋势，也是现代文学出版的规律。从1999年起，我在人民文学出版社做了4个年头的社长兼总编辑。期间，我不仅把韦君宜老社长这句名言挂在嘴边，借此告诉同事们，要始终以原创长篇小说为工作重点，还放出狠话，说："无论社里经济效益如何增长，什么时候咱们在茅盾文学奖评奖时剃了光头，你们就可以指责我这个社长不合格。"

最后，让我们一起来看看获得中宣部第十四届"五个一工程"优秀图书奖的好书，其中文学类分别有长篇纪实文学《抗日战争》（人民文学出版社）、《谷文昌》（中共中央党校出版社、福建人民出版社）、《中国机器人》（辽宁人民出版社）和长篇小说《雪祭》（长江文艺出版社）、《血梅花》（山东文艺出版社），

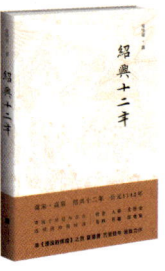

江苏凤凰文艺出版社
《绍兴十二年》

江苏凤凰文艺出版社
《布衣壶宗：顾景舟传》

哪一部不是原创长篇作品啊！看着这个榜单，想想其中的道理，我们简直可以极而言之：文学出版，非原创不精品。

第 13 讲　"无中生有"说精品

中华书局的编辑徐卫东因为先后策划编选了黄仁宇的两本"新书"——《现代中国的历程》和《我相信中国的前途》,获得了出版界许多同行的赞誉。我这里说黄仁宇的"新书"是打引号的,因为黄仁宇先生早已仙逝,他的所谓新书并不是先生的新著,而是新编选的书。

早在 1982 年,中华书局出版黄仁宇代表作《万历十五年》,"黄仁宇旋风"由此在中国大陆读者中开启。此后,生活·读书·新知三联书店陆续出版"黄仁宇作品系列",九州出版社又连续出版了黄仁宇的其他几部作品。可以说,黄仁宇生前出版过的所有单行本在中国大陆都已经重新出版了。关于黄仁宇的著作,如果不是版权更迭、重复出版,几乎没有什么文章可做了。可是,徐卫东并不就此罢休,他想到了《黄仁宇全集》之外的文字作品的辑录与出版。通过种种必不可少的运作,2010 年,他辑录编辑

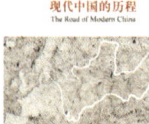

中华书局
《现代中国的历程》

出版了黄仁宇的《现代中国的历程》。这本书收录黄仁宇在美国、德国以及中国港台地区发表而未收入《黄仁宇全集》的论文、随笔、书评等14篇文字。对于读者来说，这当然是一本新书。

徐卫东锲而不舍，继续钩沉黄仁宇的散佚之作，整合黄仁宇一系列以中国历史与发展为主题的演讲文字，编成《我相信中国的前途》一书出版。此书中的《资本主义与负债经营》《四个共识：对两岸三地文化交流的建议》《我相信中国的前途》《中国不再是个谜》4篇则是编辑钩沉出来的作品。

中华书局
《我相信中国的前途》

徐卫东说，《现代中国的历程》《我相信中国的前途》当然算得上是黄仁宇的新书，只不过得承认，这是他作为责任编辑的"无中生有"。不过，他强调他并没有说是"黄仁宇的新书"，而是如实说明是"黄仁宇作品的最新结集"，并在出版说明里予以详细交代。

其实，无中生有，本来就是编辑这个行当的基本规律。

日本出版家见城彻所著《编辑这种病》一书对编辑这个职业的定义首要一条就是"从无到有"。这与"无中生有"基本上是一个意思。见城彻在日本被誉为"畅销书之神"，曾有14年打造出14本百万册畅销书的傲人经历。这个奇迹与他"无中生有"的策划能力密切相关。他说："我的重要意义就是激发作家的写作潜能，构思书籍的内容，推出成功作品。"

1973年，人民文学出版社的青年编辑何启治读了青年农民作者陈忠实发表在《陕西文艺》上的短篇小说处女作后，辗转联系上陈忠实，约在西安市的小寨街边见面。两人站着谈了不到半个小时，全部谈话内容就是何编辑建议陈作者写长篇小说，陈作者说他离写长篇小说还远着呢，何编辑就告诉他长篇小说不神秘，告诉他应当怎么写，然后约定以后写成了就交给人民文学出版社出版。两人一见如故，从此保持书信往来。书信里何编辑永远有一句叮咛：如果写长篇小说，记得一定给我。直到1988年，陈忠实才开始动笔写作长篇小说。4年后，人民文学出版社和何启治终于拿到了陈忠实的长篇小说《白鹿原》的书稿。这部长篇小说一经出版，好评如潮，获得了茅盾文学奖。如此说来，对于人民文学出版社和著名编辑何启治来说，这不是"无中生有"又是什么？

从事出版多年的经验告诉我们，许多原创出版物就是编辑出版人"无中生有"催生出来的。此类案例可谓举不胜举、俯拾皆是。甚至一些编选类的优秀出版物，也都可能出自一个编辑出版人的创意和匠心。

人民文学出版社出版过"百年百种优秀中国文学图书"和"21世纪年度最佳外国小说丛书"。前者是从上一个百年里成千上万种中国文学图书中严格评选出来的，没有这个"百年百种优秀中国文学图书"评选活动的创意和科学运作，这套丛书根本就不可能产生。后者也是一样的道理。外国当代小说自然是层出不穷，中国读者需要有选择地读到其中的优秀作品，这当中大有文章可做。于是，品牌文学出版社与外国文学权威研究机构合作，这才有了年度最佳外国小说的中国评选。这两套丛书自然也称得上是"无中生有"策划创意而来的了。

就是拿古典文学图书出版来说，编辑出版人没有一点"无中生有"的勇气和追求，也难以引起读者的关注和喜爱。唐代文学研究专家、武汉大学教授尚永亮老师有一部书名暂拟为《唐诗与唐代文人生活》的书稿。这部书稿共55讲，并附有目录，原先打算作为教材出版，因为书稿是根据尚老师在大学开设的课程讲稿整理而成的。

北京大学出版社的编辑徐丹丽看过目录后，非常兴奋，也很感动。讲授唐诗，一般注重的是学术性，而重视可读性和普及性，愿意把作品与当时文人生活情状放到一起来讲述的大学者并不多。这部书稿如果作为教材来出版，从大学中文系开课的实际来看，可能会成为一本选修课教材。于是徐丹丽编辑向尚老师建议，将这部书稿做成一般图书而非教材出版，同时重新设计一个通俗、生动的书名。

作为教育部长江学者特聘教授，尚老师研究唐诗近40年，成果丰硕，写这部书稿自然是成竹在胸的。他有夫子自道，说写这部书目的是"全方位地呈现唐人多元的生活样态和创作景观"，然后"建构出一个别样的唐代诗歌史和唐人生活史"。这样一来，编辑为这部书设计书名，打造一部古典文学和古代文化读物的底气就更足了。编辑确定了三个编辑工作重点：一是修改每讲题目，要使题目更有趣味和吸引力；二是做好插图，要使读者捧书而不忍放下；三是重拟书名。书名对于图书的意义不言而喻。这本书从策划到出版，历时近3年，而书名也历时3年才最终确定。先是《唐诗与唐代文人生活》，后来是《唐人生活与诗作》，再后来是《唐诗与唐人生活五十五讲》，还有过一个过于空灵而又不靠谱的书名《逝去的风采》，等等。正当编辑"众里寻他千百度"时，忽然在书中看到一句唐诗"花舞大唐春"，灵感显现，从而把这句唐诗点化而成书名"诗映大唐春"，再加上一个副题"唐诗与唐人生活"，读来顿时便有诗意盎然、满目生辉之感。我们不能说《诗映大唐春：唐诗与唐人生活》这部书是无中生有而来，不过，这锦心绣口一般的书名和全书精致的编辑设计，使得这部教材式的书稿演化成为广受各界读者欢迎的文学文化读本，却是因为编辑出版人的一番"无中生有"的创造性劳动而形成的。

北京大学出版社
《诗映大唐春：唐诗与唐人生活》

第 14 讲　集聚力量做大书

2018年1月，第四届中国出版政府奖正式颁发，安徽文艺出版社《昆曲艺术大典》荣获中国出版领域这份最高奖项。也许有人认为，昆曲是我国民族文化的瑰宝，入选了联合国教科文组织"人类口头和非物质遗产代表作"，我国政府又高度重视对昆曲的保护和传承，《昆曲艺术大典》的出版获奖恐怕是比较容易的事情。可是，如果告诉你，这部《昆曲艺术大典》总共有149卷，9000多万字，需要在一个不长的时间里完成编辑、校对、设计、印制、发行工作，你一定不会再说这是一件比较容易的事情了。

《昆曲艺术大典》由中国艺术研究院院长王文章先生担任总主编，从2004年启动编纂，到2009年初才把出版单位确定下来。2009年4月，时代出版传媒股份有限公司暨安徽文艺出版社与中国艺术研究院签订出版合同，由安徽文艺出版社具体承担出版工作。为什么堂堂国家艺术研究院找了一家地方文艺出版社合作？很简单，因为安徽文艺出版社和它的上级单位时代出版传媒股份有限公司有决心集聚力量做好这部大书。

2009年初，为确保这一重大项目的实施，时代出版传媒股份有限公司成立了以时代出版传媒股份有限公司总经理为组长、副总经理为副组长，以公司出版业务部、专家委员会和安徽文艺出版社社长、总编辑为成员的《昆曲艺术大典》编辑出版领导小组，由安徽文艺出版社社长朱寒冬、总编辑段晓静牵头，出版社原总编辑裴善明担任项目总负责，把本社骨干编辑和公司从各出版单位抽调出来的专业人员20余人，组建成专项编辑部。编辑部下设编辑组、专家组、设计组、校对组、印制组、资金监管组和宣传营销组共7个专业工作组。各专业组分段管理，责任到人。人多力量大，人多也可能脚步乱。为此，项目编辑部专门制定了一整套规章制度，包括《昆曲艺术大典》的《项目组织措施》《项目质量管理措施》《项目进度管理措施》《项目廉政保障措施》《项目财务管理办法》以及具体的编务管理流程。这一套人员组合一干就是8年，直到2016年全书出版，可见决心之大，投入之大。

专项编辑部尽管人才济济，却还不敢妄自尊大。专业书还得找专业人士帮助把关。他们聘请著名昆曲学者周秦担任学术顾问，古典文献专家徐麟担任特约编审，对项目质量进行全面把关。针对书中涉及的不同内容，他们聘请相关专家，对所有编校人员进行专业培训,包括昆曲基础知识、古籍整理专业知识等,让所有编校人员对昆曲艺术和古籍整理有了更深更细的了解。专项编辑部还多次

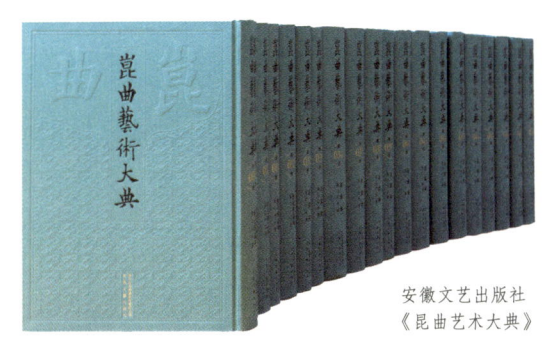

安徽文艺出版社
《昆曲艺术大典》

召开专家审稿会议,集中攻克重点难点。我们说集聚力量做大书,可不是仅仅局限在出版社的内部集聚力量,做专业书,还可以把眼光放大到专业领域里,请求专业人士的支持和参与。

经过 8 年的高效运作、切磋打磨,《昆曲艺术大典》终于全部完成。它首先通过了国家出版基金的验收,并获得了"编校、装帧、印制质量优秀,管理措施、资金使用、会计核算非常规范、到位"的高度评价,接着也获得了读者特别是专家读者的好评,最后获得国家级大奖也就是顺理成章的事情了。

做大书需要集聚力量,做重点品种有时候也需要集聚力量。2011 年 10 月 24 日,《史蒂夫·乔布斯传》全球首发,中信出版社出版的《史蒂夫·乔布斯传》中文简体版同步上市,首周销量就超过了 67 万册。这个销量超过了该书英文版在美国本土的销量,创造了这本书的全球销售冠军纪录。

最初,中信出版社在获取这本书的中文简体版权时,就向版

权方承诺集全社的力量来做这件事情。这是与参与竞价的几家出版社相比表现突出的一点。言必信，行必果。2011年8月，中信出版社就在内部成立一个小组，称为"传奇小组"。这是中信出版社第一次采用大项目组运作方式。他们在全社范围内打通各分社和工作室的边界，把所有相关的人员集合到项目组来。传奇小组由总编辑担任项目经理，分为产品组、渠道组、营销组三个小组，参与这个项目的人员竟然多达130多人。

一开始，中信出版社的传奇小组就为乔布斯建立了一个自媒体平台来发布信息，在新浪网上建立了一个乔布斯官方传记的微博，而且外聘一个团队专门承担微博运作工作。在腾讯网上，他们又做了一个乔布斯的官方网站。通过这两个自媒体平台，出版社将编辑出版过程中的一些花絮和书中的一些精彩内容做预先的爆料，与乔布斯的粉丝互动，显然这就是书籍出版前的营销预热。出版社在书稿翻译之初还通过东西网征集译者，然后再通过东西网把一部分内容放到网上听取读者的意见，以此吸引稍具专业水准的青年读者的关注。

乔布斯是在2011年10月5日去世的。在此之前，这本书几次改了出版时间。最初乔布斯授权的时候曾说过，在我有生之年我不希望这本书出版。因此，虽然版权拿下来了，可中信出版社根本无法知道这本书能在什么时候出版。2011年8月份，外方告知中方同步出版的时间是2012年3月。接着乔布斯宣布辞职，据猜测，他的身体状况已经很不好了。这时外方把出版时间提前到2011年11月。可是，10月5日，乔布斯去世的消息突然传来，外方又把出版时间紧急提前到10月24日。中信出版社的工作难度陡然增大，因为在国庆放假之前，编辑刚刚拿到最后增补的200页英文书稿，需要翻译，需要再编辑，需要再加工，时间非常紧张。10月5日得到消息，10月6日传奇小组相关人员都提前结束了国庆休假，回到社里着手工作。

好在中信出版社早已集聚力量、严阵以待，确保书稿在10月24日之前的一周下厂，而且生产进度精确到小时。他们的印制人员分头到北京、广州、深圳等地的7家印刷厂，根据每个印刷厂的生产能力精确到小时来控制其生产进度，再计算出发货的时间、数量，估测能够发多少，发到哪儿，在第一时间保证渠道的需求以及此后的加印需要。

10月24日是《史蒂夫·乔布斯传》的全球同步首发时间。中信出版社联合全国21个城市的30家书店，举办书垛的揭幕仪式和丰富多彩的促销活动。除了传统书店之外，当时还有苏宁易购、凡客诚品、淘宝、快书包参与合作，每一家合作者都开展了各具特色的营销活动。图书上市后不到1个月，中信出版社又在国家大剧院举办了一个"中美文化艺术论坛"的分论坛，从不同的角度来阐释对乔布斯精神的理解。《史蒂夫·乔布斯传》出版前后，出版社通过公共媒体发布报道超过500次，极大地提升了这本书的影响力。

不用说，举办这一系列的编辑制作营销活动，一定要有人去执行。有好的内容，如果没有执行力，一切都将无从说起。这就是中信出版社传奇小组成立的必要性。这也说明，做好一些精品重点项目必须要集聚力量。

第 15 讲　从一到无穷大的选题

　　《这就是二十四节气》,是海豚出版社于 2015 年 7 月出版的中国第一套画给孩子们的关于二十四节气的图画书。全套书共 4 册,由 24 幅节气大图和文字配上许多小图组成,呈现了黄河中下游地区某村落一年二十四节气所特有的天文、气象、物候、人事、民俗特征。《这就是二十四节气》通过绘本的形式,告诉孩子们,要关注农村,关注最纯的自然,关注我们食物的最初来源。同时,它也告诉孩子们,自然有自然的语言,自然自身会通过天文、气象、植物、动物等告诉我们自然的秘密。这套书 2016 年获得了第十一届文津图书奖。

　　《这就是二十四节气》原本是想做成一本大书的。责任编辑在与主编讨论时,认为一本书收尽一年 24 个节气的知识和文化并不妥,一旦展开天文地理知识,加上历史民俗文化,全是全了,厚重是厚重了,可就太学术化、太拥挤,不太像是一部少儿读物

海豚出版社
《这就是二十四节气》

了。经过深思熟虑,责任编辑明确提出把一本书分成4本,即春、夏、秋、冬四季各成1本,一季6个节气,每个节气共4面,一本书文字加上图画共24面,对于少儿读物而言,疏密厚薄正相宜。责任编辑对选题和图书类型的精准定位,顿时使得这个选题生气盎然。主编自然从善如流了。少儿读物就应当是少儿读物的样子。责任编辑在这套书的编辑出版上可是发挥了点铁成金的作用。

自然,责任编辑不是只出了这么一个金点子就取得了后来的成功。她要做的事情还很多。由于这是一套书,责任编辑还要为每本书做好统一协调工作。因为参与写作的作者是一个群体,一群历史地理知识发烧友,其中有科学家、博士,有专业院校刚毕业的大学生,还有业余科普写作爱好者。作者众多,自然实力雄厚,可是水平往往有参差,风格总会有差异,这也就成为编辑的难题。待到文稿出来,责任编辑做了大量工作来把关和润色。她甚至要修改各个知识板块的标题。为了小学生自读及亲子阅读的方便,她为生字或多音字注上汉语拼音。她仔细订正引用的古诗,发现有不契合的作品,便提出撤换,至于换上哪一首相宜的古诗,她也能提出让作者信服的建议。由于这是一套图画书,在接下来的绘图安排上,责任编辑更是用心不少。这套书的定位是儿童科普图画书,而不是通常的故事绘本,因此,责任编辑对于图画提出两方面的要求,一是要符合科学事实和生活实际,二是图画要使用得当，图随文走，相得益彰。她发现原稿中小图存在较多事实错误，例如，鹰的两翼没有画出翼指，黄鹂鸟的羽毛颜色偏差过大，冬眠动物种类不明，半夏的花序形态不准确，苦菜花的配图画成了蒲公英的样子，对于这些问题自然要一一指出，要求改正或重画。她发现主人公图画形象前后不统一，提出修改要求；她认为一年四季人物着装既要有变化又要保持连贯性，于是提出主人公的衣着要以红色为主，以便于小读者辨认。她慧眼如炬，发现文中多次提到主人公的爷爷，图画中却没有爷爷的形象，于是建议在开头部分的绘图中增补爷爷的形象。责任编辑在编辑过程中还不断有灵感闪现。临将确定版式时，她忽然建议节气名称统一使用毛笔字体，并适当放大，使之突出，全书因此更加突显中国特色、中国味道。

《这就是二十四节气》的成功自然首先是主编和编写团队的成功，可是，责任编辑在其中的许多贡献也是不可或缺的。尤其是责任编辑把一本分拆、拓展成 4 本的创意和匠心，使书籍的形态立刻大变，由此产生的效益绝不止是一本书的 4 倍，而几乎可以称得上是从一到无穷大。

从一本书或者几本书的成功进而扩展到一大套书取得很大成功，这样的案例相信在出版业内绝不是个案。据我所知，著名儿童文学作家杨红樱的作品好像也经历过这样从一到无穷大的过程。

作家出版社
《五三班的坏小子》

2002年,作家出版社出版杨红樱的《五三班的坏小子》。该书排在开卷公司图书调查当年度少儿图书榜单的第27位,这是我们当代原创儿童文学图书第一次进入这个榜单的前30位。可是,文学界、出版界许多人士怎么也没有预料到,三五年后,杨红樱的书连续数年在这个榜单的前30位中都能够占到一半以上。据不完全统计,她的图书总销量已经超过8000万册,多部作品获中宣部"五个一工程"奖、中国出版政府奖、中华优秀出版物奖、全国优秀儿童文学奖、世界知识产权组织版权金奖等奖项。

杨红樱的作品连续获奖,持续畅销,这使得一些文学评论家百思不得其解,于是就认为畅销不是好现象,而且很大的嫌疑是格调不高,是低俗。有的编辑出版人就站出来替杨红樱辩护,认为应该摒弃对畅销的偏见,而且应当深入研究杨红樱作品和杨红樱现象,从中寻找原因。

接力出版社
"淘气包马小跳系列"

现在,我们虽然很少能读到关于这位儿童文学超级畅销书作家是否得到过编辑出版人帮助的资料,但是可想而知,在杨红樱作品的出版发行过程中,出版社一定做了出色的编辑设计和有效的营销推广,不遗余力地营造作者的感召力和号召力。尤其值得注意的是,从"马小跳"开始,到"笑猫"达到销售高峰,系列作品对作者品牌影响力的形成和市场销售的持续拉动,更是杨红樱取得成功的非常重要的因素。

杨红樱在开始"淘气包马小跳系列"写作前,已经有了《五三班的坏小子》《女生日记》《漂亮老师和坏小子》等几部有一定影响力的作品。我听说(当然是未经证实的),这时,有资深编辑建议她,要着力塑造一个典型形象,这样才能在读者心中产生长久影响,在文学史上立得住,而要塑造成功典型形象,在图书品种泛滥的今天,最好走系列写作的路子。

不知道这个建议对于杨红樱是"英雄所见略同"还是"一语惊醒梦中人",总之,不久接力出版社就出版了杨红樱的"淘气包马小跳系列",几年后,又有了明天出版社的"笑猫日记系列"。这些系列作品,使得杨红樱作品大面积地覆盖了少年儿童市场,"马小跳"和"笑猫"成了新世纪中国儿童文学创作最具代表性的典型。资深编辑的一番提醒,真是点铁成金,实现了从一到无穷大的功效。

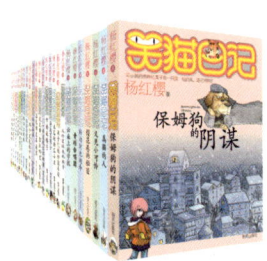

明天出版社
"笑猫日记系列"

第16讲　找到科技出版的用户需求

前面我讲过的精品书成功经验,也适用于科技图书。它们选题开发的规律和创新做法基本上是普适的。当然,科技出版的选题开发,确实有一些特殊性,不同于人文社科出版。除了重大社科人文专项外,人文社科出版绝大多数选题来自作者的创作冲动。而科技出版的选题,除了依靠作者个人的研究创新,还有一个重要的行之有效的做法,就是"找到科技出版的用户需求"。

化学工业出版社出版的《控制工程手册》获得第四届中国政府出版奖。这就是一部找到科技出版的用户需求,然后由专家作者写作的全面、系统研究控制工程的技术著作。而且,为了让读者用户易于理解,作者和编辑还把这部书打造成为集控制理论、先进技术与成功案例于一体的具有相当可操作性的实用性手册。

化学工业出版社的编辑宋辉和刘哲,从2010年开始调研。他们走访大专院校和企业,广泛深入地了解科技出版的用户需求。

他们发现随着企业自动化程度的不断提高,有很多新技术、新产品需要技术人员去了解、去掌握,可当时我国还没有一本对传感与检测、控制工程技术和工业过程自动化应用及企业能源管理进行全面综合论述的图书。于是,他们找到我国工业自动化专家孙优贤院士。孙院士是浙江大学教授、浙江大学现代控制工程研究所所长、中国自动化学会副理事长、中国仪器仪表协会副理事长。他从事教育工作30余年,在现代控制工程技术领域成就卓著,提出了一整套适合于复杂工业系统控制的新技术和新方法,领导建立了我国高等院校第一个国家工程研究中心,领导工程中心创造性地解决了集散控制系统和四条大型生产线计算机控制系统建设中的关键技术问题。编辑经过与孙优贤院士的交流,得到了孙院士的大力支持。孙院士同意在百忙中领衔主编一部《控制工程手册》。他迅速召集国内控制研究领域的专家学者、企业骨干技术人员,于2011年9月在化学工业出版社召开了《控制工程手册》的第一次编写委员会会议。

因为了解到有用户需求,科学家们感到责任特别重大,为此一共有3位院士和80余位各领域领军人物加入了这部书的编写委员会。孙优贤院士担任编委会主任,桂卫华院士、钱锋院士任编委会副主任,宁滨、王耀南、孙彦广、于海斌、谭民等80余位各领域领军人物担任作者,可谓阵容强大。

化学工业出版社
《控制工程手册
(上、下册)》

编委会从图书内容框架到每篇的结构和负责人,从编写进度到审稿,对每一个环节都一丝不苟地进行讨论,提出要求。每一次编委会会议,孙院士都是召集者和主持者,他带领专家和写作团队对图书内容精耕细作,讨论每一章的结构时,细致到某一个名词该怎么说都一一论证,确保了全书的内容质量。全书汇集了控制工程领域100多个重大项目案例,集聚了180多项关键核心技术,吸取了39个国家科学技术奖的成果。其中,在线分析仪表及装备、智能控制方法及技术等60多项关键核心技术处于国际领先水平。同时,书中还指出了相关领域技术的发展趋势,预测了可能出现的技术突破,彰显了手册的先进性。

2016年1月,《控制工程手册》终于面世。可以说,这是一部控制工程领域的扛鼎之作。它极大地推动了我国各领域的自动控制水平,有力地促进了控制技术在各行业的应用和推广,对实现"中国智造"意义深远。

电子工业出版社2017年6月出版的《安全简史:从隐私保护到量子密码》也是这样一部由出版社编辑根据用户需求,与一流专家作者合作而成的精品书。

近年来,随着信息技术的快速发展和应用,国内外信息安全事件频发,时不时占据新闻头条并刺痛人们的神经。特别是在2016年发生了3件与信息安全相关的事件:因信息泄露而引起的高考录取新生徐玉玉致死事案,因电子邮件而影响2016年美国总统选举事案,韩国前总统朴槿惠的"亲信干政"事案。这些事件凸显出了信息安全跟社会秩序安全以及人们的生命财产安全息息相关。在此背景下,《中华人民共和国网络安全法》于2016年11月7日发布。增加大众的信息安全知识,增强大众的信息安全防护意识,这一需求显得十分突出。电子工业出版社的编辑意识到组织和策划出版信息安全技术与防范方面的图书已经成了当务之急。他们决心尽快找到信息安全方面的专家,紧急约稿,迅速出版。

一个偶然的机会,电子工业出版社的编辑李树林读到了知名信息安全专家杨义先教授的一篇关于信息安全知识的微博,可谓"一见钟情",被深深吸引和打动。李树林觉得这位作者知识渊博,既是信息安全方面的专家,也是写作方面的好手,行文风趣幽默,举例通俗易懂并具有故事性,非常适合写作信息安全方面的科普书。他设法找到了作者的联系方式并与他建立联系,最终见到了杨义先本人。杨义先是北京邮电大学的教授、博士生导师,首届教育部长江学者特聘教授、首届国家杰出青年基金获得者、国家教学名师、国家教学团队(信息安全)带头人,任北京邮电大学信息安全中心主任、教育部网络攻防重点实验室主任、公共大数据国家重点实验室主任。他长期从事网络与信息安全方面的

电子工业出版社
《安全简史：从隐私保护到量子密码》

科研、教学和成果转化工作。他创立的网络空间安全的统一理论"安全通论"具有很强影响力。还有一位北京邮电大学的教授、博士生导师钮心忻，也是信息安全方面的重要专家，是杨义先教授写作的合作者。

每个领域都有自己优秀的人才和专家，信息安全领域也一样。杨义先和钮心忻两位教授就是这方面的优秀人才和专家。他们已经把零散发表过的博文汇集成册，打算以《安全简史：从隐私保护到量子密码》的书名出版。当时有3家出版社正在联系他们。编辑李树林有备而去，不仅给杨老师提供了一份详尽的图书出版策划方案，而且表明了出版社的决心。最终，他们愉快地签署了《安全简史：从隐私保护到量子密码》的出版合同。

电子工业出版社不仅要切实保证科普图书《安全简史：从隐私保护到量子密码》的科学性、严谨性、通俗性，还要大力推动图书营销，争取多点突破、全面开花，通过不断的营销和宣传增加图书的曝光机会。为此，杨义先教授不辞辛劳，先后到广州大学、电子科技大学、北京邮电大学、贵州大学、北京航空航天大学、长虹集团、亚信成都安全大会、赛迪集团等进行了超过50场的信息安全知识科普演讲与宣传，并向听众直接推荐《安全简史：从隐私保护到量子密码》。许多重要媒体都对此书的出版做了报道，有的报纸还对《安全简史：从隐私保护到量子密码》

进行了24期连载。这部出自编辑和作者对用户需求准确把握的图书,以尽可能大的覆盖面做了充分的营销推广,首印1万册图书很快销售一空。而且,《安全简史:从隐私保护到量子密码》被评为2017年度"中国好书"。

第 17 讲　不应景才有远大前景

近 10 多年来，主题出版整体发展态势良好，每年度都会涌现出一批主题突出、质量上乘的精品书，得到社会各界比较好的评价。不过，主题出版也还存在一些问题，需要引起出版界同仁的注意，那就是，主题雷同的图书扎堆出版，出现了同质化重复出版的问题。比如"一带一路"相关的选题切入点众多，据 CIP（图书在版编目）统计数据显示，2017 年 1~6 月的"一带一路"选题同比增长了 122.43%。又比如，配合雄安新区的成立，市场上涌现出不少相关出版物，有记者随手翻开一本，一看竟然是"百度百科"内容加雄安新区的图片资料拼凑而成的。这当然不是好现象。这样做主题出版，怎么可能做出像样的精品书来呢？

出版社在确立主题出版选题时，要坚持深度策划，不做应景书，多做创新书，多做高质量的创新书。

比如浙江大学出版社开发"一带一路"的选题。他们依托浙江大学建立的"一带一路"合作与发展协同创新中心,努力探索具有浙大特色的主题出版选题,列入"十三五"国家重点出版规划的"一带一路"主题选题就有"丝路文明传承与互鉴研究系列""国际规则与法律体系研究系列"以及"国际经贸合作与发展研究系列"三大体系。有了这三大体系,浙江大学出版社基本上不用担心主题出版选题与别的出版社撞车了。

避免选题撞车,有很多办法,最重要的一个办法就是做内容扎实的书,切忌应景做书。

进入 21 世纪后,安徽人民出版社非常注重对徽州文化选题的开发,2005 年组织编写出版了《徽州文化全书》。这是一套全面、系统介绍徽州文化的大型学术图书,共 20 卷。可是,这毕竟还是文献性出版,安徽人民出版社觉得倘若不能抓住寻常读者的阅读热点,出版往往止于应景。于是就有了与安徽省徽学学会携手策划组织编写并出版发行"乡愁徽州丛书"的案例。"乡愁徽州丛书"于 2018 年 6 月出版,共分为 8 卷,走的是让读者觉得亲切可读的路

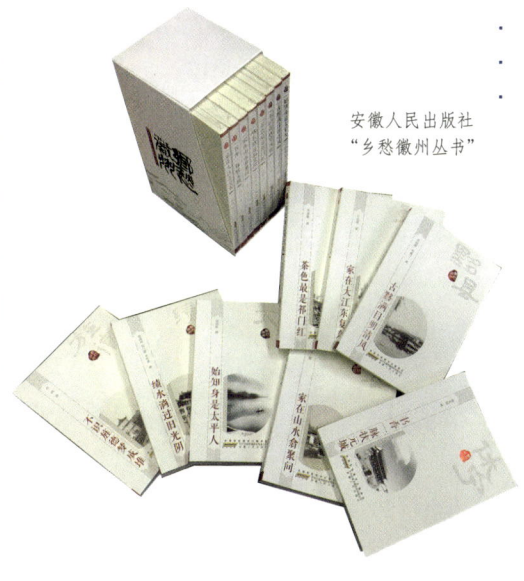

安徽人民出版社
"乡愁徽州丛书"

线。8卷本分别是《家在山水翕聚间》（歙县卷）、《书香一脉状元城》（休宁卷）、《古黟满目明清风》（黟县卷）、《茶色最是祁门红》（祁门卷）、《绩水淌过旧光阴》（绩溪卷）、《家在大江东复东》（婺源卷）、《始知身是太平人》（太平卷）、《不识旌德梦成堆》（旌德卷）。丛书以现代读者所喜欢的准确、生动、优美的电视散文笔调，配合图文并茂的轻松阅读方式，从历史追忆或回忆的视角，情景再现徽州居民独特的生产方式、生活方式和精神世界，展现了厚重博大的徽州历史文化。这套丛书经媒体热情报道，影响不断扩大，入围"中国好书"榜。

做书不应景，很多时候还在于把应景选题做出高质量来。也就是我们通常说的：人无我有，人有我优，人优我精。

华为是中国企业的骄傲。围绕华为出的书也不在少数，可是，仔细读来，绝大多数都是从二手甚至三手材料而来。机械工业出版社要做一本关于华为的书，希望能够配得上高质量、高水平的华为。他们找到了周留征博士。周老师是机械工业出版社的老作者，2015年他就在机械工业出版社出版过《华为哲学》一书。更重要的是，周留征还曾经是华为人，后来是北京大学的法学博士、北京师范大学的经济学博士后，与华为的关系一直很好。他对于华为的认知和思考往往不只拘泥于以往的工作经历，还带有企业管理者的视角和学术研究的目的。双方经过研究讨论，决定要为华为坚持创新的精神大书特书。因为2017年年底，财富中文网联合世界领先的管理咨询公司科尔尼推出了"2017中国最具影响力的创新公司"排行榜，其中，华为位列榜单首位。编辑和作者希望通过记录这个伟大企业的创新历程，为更多人提供创新的思路和借鉴，于是就有了高质量的《华为创新》。该书被评为2017年度"中国好书"。

机械工业出版社
《华为创新》

改革开放以来，经济学成了显学，经济类图书也成了热门书。做经济类图书，往往让大家觉得有应景的感觉。中信出版社的年轻编辑李建科就偏要在经济类选题里找到"人有我优"的选题，然后把它做精做好。他仰慕著名经济学家蔡昉，尤其欣赏蔡先生深入浅出而又接地气的文风。他执意要为蔡先生策划一本面向大众读者的新书。于是，他辗转找到蔡先生。双方交流对我国经济形势的看法，找到许多共同语言，这让蔡先生很高兴。不过，蔡先生近期写作的计划是针对国外误判的。他说一些国外的经济学家质疑中国的发展速度，对中国经济有误判，他打算就此写一本书进行答疑。这可与李建科原先的选题设计大相径庭。但是，李建科没有放弃，他很谦虚、很谨慎地跟蔡先生商讨，说先生打算写的这本书很重要，可是，如何才能做到既回答国外经济学家的质疑，又能让国内读者读得懂呢？出版社特别希望能出版一本这样的书。事实上，国外经济学家的误判，也会影响国人的信心，大众读者也很需要这本书。编辑和专家的沟通是成功的。蔡先生表示完全理解，认为学术性和通俗性在这里是可以兼容的。双方当即确认了组稿协议。

经过一年多的写作和反复修改，2016年年中，编辑终于等来了蔡昉的书稿。全书既讲了如何认识中国的经济奇迹，又讲了中国经济的转折点及其应对，还讲了如何避免中等收入陷阱，最后讲到中国如何再创经济奇迹，为中国经济寻找新出路。书名是《转型的拐点》。

作者交来的书稿尽管有较高的学术价值，写作也比较周严，但也有不足之处，从图表到文字都有部分的重复。编辑认真通读书稿，尽自己所能谨慎提出修改意见。作者很痛快地接受了这些意见，一一做了梳理和简化。编辑没想到大学者能那么痛快地接受意见。其实据我编辑出版从业近40年的经验，越是大学者越喜欢编辑提意见，因为他知道编辑是认真的，是为了书稿的尽善尽美。作为书稿的作者何乐而不为呢？

书稿的编辑工作眼见得就要完成，可是，编辑心里还是惴惴不安，他总觉得书名太学术化，不太给力。编辑与作者反复商讨，在签订合同时双方同意把书名暂定为《再创经济奇迹》。不过，出版社还是觉得书名不够新，不管是"经济奇迹"还是"经济拐点"，都不是能够抓住大众读者眼球的概念。

中信出版集团
《读懂中国经济：大国拐点与转型路径》

于是编辑部里进行了一场"头脑风暴"。大家一口气提出了七八个书名,最终一个书名跳了出来——"读懂中国经济",副书名为"大国拐点与转型路径"。这本来就是蔡先生写作的初衷。国外有误判,说明没有读懂,而国内大众读者看到"读懂"两个字,就会知道这本书的阅读门槛不高。编辑赶紧与作者沟通,作者也很高兴,欣然同意就此把书名确定下来。

虽然确定了一个好的书名,责任编辑还是不敢就此止步,希望把文章做足。当时正是2017年年初。编辑注意到,2018年中国将迎来改革开放40周年。这可是又一个会出现大量应景之作的热闹时点。在认真通读书稿后,编辑意识到这本书恰好对过去40年中国经济发展的路径进行了系统的梳理,同时对于未来进行了全景式的展望,正好对应"改革开放40周年"这一重大主题,很可能是这个重大主题中的扛鼎之作,也就是说,有可能成为应景出版热潮中的一部精品书。

蔡昉先生的《读懂中国经济:大国拐点与转型路径》,从策划到正式出版,历时整整3年时间。这个选题和写作的过程并不是为了应景,可是,书在应景的时刻上市,顿时销售很旺,得到《人民日报》等权威媒体的好评,顺利入选2017年度"中国好书",可以说已经双效俱佳。与此同时,这本书的国外版权输出速度也很快,已经有了英语、德语、土耳其语、阿拉伯语、印地语等语种的版权授权，还有不少语种的版权在洽谈中。看看版权输出的态势，就能判断出这本书的学术价值和国际传播价值非同一般。这本书一定会有一番远大前景。

第 18 讲　做足文章做出精品

2016年11月，海豚出版社迎来一个重要时刻，作为一个小出版社，建社以来最大的一个出版项目《丰子恺全集》（50卷）正式出版。

丰子恺先生名扬天下已久，海豚出版社可是第一次将他的文章和画作收集到最全，第一次出版他的全集。有些出版界人士猛然听来觉得奇怪，以为丰子恺的全集应当早就出版过了。其实，丰子恺是有过全集，可那是《丰子恺漫画全集》和《丰子恺儿童文学全集》，并非是这位文字、绘画都独树一帜、名满天下的现代文人全部作品的全集。也许已经有多部所谓丰子恺"全集"出版，以至于在早几年国家出版基金项目评选时，有评委就指出丰子恺的全集早就出过，没有必要再提供补贴出版。在了解到这个项目申报基金项目失利的主要原因来自重复出版的误会后，海豚出版社并不气馁。他们再次申报时特别说明，这是丰子恺的全集

海豚出版社
《丰子恺全集》

汇编第一次出版，而以往人们所见的所谓"全集"只是丰子恺某一部分作品的全集。这才解除误会，终于获得了国家出版基金的支持。

事实上，正因为还没有丰子恺全集出版，海豚出版社的编辑们才觉得关于丰子恺的文章还没有做足，这才有了对《丰子恺全集》的热情投入和顽强追求。他们为编辑出版《丰子恺全集》组建了编委会，邀请丰子恺的女儿丰一吟先生和著名学者陈子善先生出任总顾问，邀请丰子恺研究专家陈星领衔主编，编委会里的专家委员按照文学卷、美术卷、艺术理论艺术杂著卷、书信日记卷等几个小组做了分工。有了力量充实的编委会，还有了丰子恺先生的后人协助做资料的全面搜集工作，海豚出版社终于做成了50卷的《丰子恺全集》。

海豚出版社为《丰子恺全集》的制作选用最好的设计、最好的材料、最好的印刷工厂，把丰子恺那些趣味盎然的文字和绘画复制得趣味丰赡。他们意犹未尽，还制作了《丰子恺全集》特装本。他们专程去丰子恺的家乡，找寻丰家老品牌染坊"丰同裕"定制印花布做封面，去四川当年张大千曾制作宣纸的地方定制宣纸护封，印上"丰"字水印，还为特装本定制书架，上面刻有丰一吟先生的题字和杭州的菊花。他们真的是在这部独特的文化经典上做足了文章，从而使得经典百年留情。

在我看来，做精品书，把文章做足，有两个层次：一个层次是把当时要做的书做到完整、完好、完美；还有一个层次是关于这个选题，要进一步开发得足够充分。比如从中华书局出版的《汤显祖集》到北京古籍出版社的《汤显祖全集》，再到上海古籍出版社的《汤显祖集全编》，就是在不断地把文章做足；生活·读书·新知三联书店从王世襄的《锦灰堆》《锦灰二堆》到《明式家具研究》，再到《王世襄集》，也是把文章做足的典型案例。

湖南文艺出版社 2016 年 5 月出版的"延安文艺大系"，正是在完整展示延安时期文学艺术面貌和成就的出版宗旨和目标上努力把文章做足的案例。

在 20 世纪 80 年代到 90 年代初期，湖南文艺出版社就出版过"延安文艺丛书"。既然称为丛书，看得出这是一个比较开放的选题，有所选择有所不选也是正常的。"延安文艺丛书"当时还是有一定的影响的，立意正，气象大，史料价值和鉴赏价值俱佳，总之是一套值得留存下去的好书。遗憾的是这套丛书是陆续出版的，这也是受当时的出版条件限制，因而影响还是不够大，也不利于阅读和收藏。但湖南文艺出版社并没有觉得关于延安时期的文艺回顾和文献出版就此可以打住。他们一直在考虑关于延安时期的文艺回顾和文献出版究竟还有什么文章可做。灵感往往来自日思夜想。某一天，他们决定，应该在"延安文艺丛书"的基础上，经过扩充、调整、修正、完善，做一套更大更完整的丛书，这就是"延安文艺大系"。

"延安文艺大系"计划收录1936年秋到1949年9月，在延安以及陕甘宁边区生活、学习、工作与考察过的人，当时所写作、翻译、发表、演出、展览以及出版的具有较高思想性、艺术性的各个门类的文学艺术作品。湖南文艺出版社于2010年立项"延安文艺大系"，并成功申报"十二五"国家重点出版规划项目。"延安文艺大系"由当时的社长刘清华主持。他们邀请到《求是》杂志社原副总编辑刘润为任总主编，延安文艺研究专家贺敬之、黎辛、陈晋任顾问，各卷负责人都是延安文艺研究各方面的专家。"延安文艺大系"无论是内容质量还是体例的完备程度，特别是专家团队实力，比起20世纪80年代做的"延安文艺丛书"都要提高许多，壮大很多。"延安文艺大系"中《诗歌卷》主编曹桂芳年近80，对延安时期诗歌创作深有研究，对"延安文艺大系"的编辑工作有独到而深刻的见解。曹桂芳坚持认为，这套"大系"的开拓性主要体现在内容的发掘和扩充方面。这可谓一语中的，一语见境界。如果一套"大系"，只讲究为我所用的选择，那就很难成为比"丛书"更大、更完整的"大系"。

"延安文艺大系"收集了萧三、曹葆华、茅盾等文艺家所翻译的文艺理论、小说、散文、诗歌、报告文学、剧本等优秀外国文艺著作,增补扩充了延安文艺的内容,凸显了延安文艺的包容性和开放性。其中的《文艺理论卷》在以往出版成就的基础上,又补充了近70万字的资料,编订了文学理论、戏剧理论、音乐理论、美术理论、民间文艺理论5个方面的文章,进一步反映了延安文艺理论的全貌,对该学科的史料积累和建设是一种重大的开拓和创新。书中收录的《延安文艺史》,是对延安文艺进行整体研究的新的重大科研成果,为读者阅读"延安文艺大系"提供了开阔的视野,更体现了编辑、编者的慧眼和匠心。其中的《民间文艺卷》是"延安文艺大系"中别开生面、生动有趣、生机盎

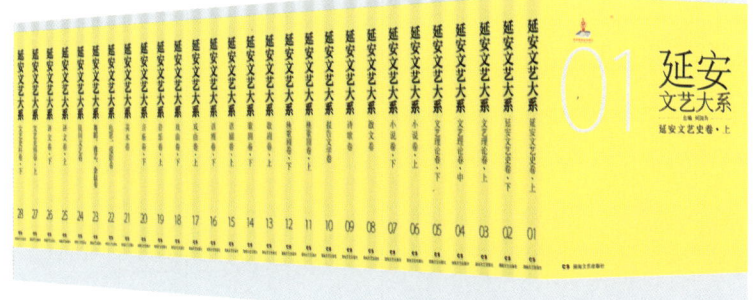

湖南文艺出版社
"延安文艺大系"

然的一卷。这一卷体裁、题材大开大合,从民间层面展开了延安文艺的方方面面,是延安文艺的一个全景的横截面或剖断面,也是中国文艺史、中国民间文艺史的一个划时代的景观或断代史。这些颇具深度的认识,早在20世纪八九十年代是不大可能有的,实在是几代文艺研究家、出版人不断坚持研究才得以深化的结果。刘清华社长感叹道:时来天地皆同力,"延安文艺大系"完全是几代文艺家、出版人先后接力的成果。

"延安文艺大系"是我国第一次最全面、最完整地展示延安时期文学艺术面貌和成就的一套珍贵的大型革命历史文献丛书。"延安文艺大系"共17卷28个分册,总字数1200万,含图片1300多张。其中所收录的各种体裁的文学艺术作品,从各个角度全方位地记录了中国革命延安时期的光辉历史,弘扬了永恒的延安精神,也为当代文艺创作提供了重要而宝贵的经验。"延安文艺大系"获得了第四届中国出版政府奖。

第 19 讲　出版社的"蛙跳战术"

扫一扫·听音频

何为"蛙跳战术"？我们在夏日的荷塘边上，有时候会看到青蛙灵活地在荷叶上跳跃前进，捕食各种猎物，人们称之为"蛙跳捕食"。把"蛙跳捕食"用到战争中，在层层设防的敌阵中，攻击部队超越前线直入腹地，夺占中心要点，军事上就称之为"蛙跳战术"。"蛙跳战术"曾经使用于第二次世界大战后期的太平洋战场。1943 年，太平洋战争陷入胶着状态：以美国为首的盟军开始反攻，日军则负隅顽抗，南太平洋上岛屿星罗棋布，双方逐岛争夺，战争推进异常艰难而且代价太大。为了加快战争进程，美军西南太平洋战区盟军司令麦克阿瑟将军做了一个大胆的决定，放弃一线平推的传统战法，不再打逐岛争夺战，而是跳跃前进，越岛攻击。一是攻取日军战略纵深中守备较弱的岛屿，二是集中优势兵力攻占日军的中心给养岛屿，得手以后再以此为支撑继续开展进攻。这样一来，许多小岛屿迅速被攻下，从而使战争的进程大大加快，美军仅用半年多时间即突破了日军的内防圈，取得了南太平洋战场的决定性胜利。

"蛙跳战术"与出版业做精品书有什么关系呢？哪些出版社采取过"蛙跳战术"呢？说起来，出版业中采取"蛙跳战术"的还大有人在。

以上海三联书店出版"当代经济学系列丛书"为例。这是20世纪八九十年代引起我国经济学界关注的一套大型丛书。它的最大价值在于，一是改变了中国经济学家长期以来的纯思辨的研究方法，开始尝试用实证的、计量的方法来分析现实中的重大经济问题，二是尽可能广泛地集合了一批中青年经济学家，这些经济学家的学术研究对我国经济社会的改革发展发挥了重要影响，因而吸引了许多青年读者的目光。可能很多人并不知道，上海三联书店是1986年才成立的，成立之初就确定要在经济学出版方面

上海三联书店"当代经济学系列丛书"

形成特色。当时，在经济学出版方面已经有人民出版社、商务印书馆等出版机构占得先机，陆续出版了中外经济学方面的学术著作。譬如商务印书馆出版的萨缪尔森的《经济学》就引起了热烈的讨论。作为后来者的上海三联书店，如果一本书一本书地跟在这些大社后面去做，要想实现超越恐怕就不大可能了。当时担任总经理的陈昕先生就设计了上海三联书店的第一套丛书"当代经济学系列丛书"。显然，他们是一上来就打算跳过经济学出版的一般性单品种竞争，直接占据"当代经济学"这一制高点，同时用"系列丛书"占据中外经济学出版更广阔的阵地。这就是"蛙跳战术"。30多年来，这套丛书几乎囊括了20世纪八九十年代我国绝大多数当代经济学家的代表性著作。丛书中除了主打的"当代经济学文库"，还有另外3个系列，即"当代经济学译库""当代经济学教学参考书系""当代经济学新知文丛"，均取得了良好的双效。上海三联书店以及后来与他们合作出版这套丛书的上海人民出版社、格致出版社，竟然凭借经济学图书的出版获得了我国经济学"三联学派"的美誉。

我国外国文学出版的第一重镇是人民文学出版社，上海译文出版社次之。之所以这么说，是因为上海译文出版社是1978年由成立于20世纪50年代的上海新文艺出版社和人民文学出版社上海分社的外国文学编辑室联合组建而成的，基本上是新时期重新起步的。但是，到20世纪80年代，漓江出版社作为后起之秀，一度与上述两家外国文学出版重镇鼎足而立。可到了20世纪末，漓江出版社基本退出外国文学出版第一方阵，代之而起的是江苏译林出版社。1999年我到人民文学出版社任职，发觉人民文学出版社的外国文学出版处境相当艰难。首先是在外国文学经典作品出版方面，人民文学出版社原先与上海译文出版社在联合出版"外国文学名著丛书"时，双方做过一次语种分工，上海译文出版社分工出版英美文学，人民文学出版社分工出版德法俄及西葡拉美诸语种文学。看起来人民文学出版社出版语种居多数，可是，自1992年10月我国成为伯尔尼公约和世界版权公约的成员国之后，英美当代文学翻译作品在我国图书市场顿时成为抢手货，上海译文出版社占得先机，拿到了美国的海明威、福克纳的全部作品版权，在英美文学翻译出版上风头很足。而江苏译林出版社由于拥有较强的经济实力，在外国当代文学新作品版权购进方面，无论是专业性眼光还是竞购实力几乎无人能敌。不出几年，译林出版社购进的外国当代文学作品版权数量在全国雄踞第一。这时候，人民文学出版社只能吃老本，整理出版《莎士比亚全集》《巴尔扎克全集》《雨果文集》《歌德文集》《肖洛霍夫文集》，等等。事实上，这些经典作家的作品版权已经进入公有领域，其他出版社只要组织新的译本就可以出版。我对出版社的编辑说，没有能力推出外国当代文学新作，人民文学出版社就要在外国文学出版领域出局。

人民文学出版社的外国文学编辑感到很委屈，跟我说：我们也了解外国文学创作的新进展，可是，买版权咱们出版社出得起国际版税吗？当时正是人民文学出版社经济上比较困难的时候，谁也不敢拍胸脯让放手去买。其实，我们这个时候去买，已经赶不上江苏译林，甚至连上海译文也没法比了。市场调查显示，这两个出版社在引进外国文学新作品版权方面已经遥遥领先。

我做事的信条从来是，不管是好办法赖办法，总之不能没办法。于是，我想到了麦克阿瑟在太平洋战争中使用的"蛙跳战术"。要想重振人民文学出版社外国文学出版的雄风，看来只有做一番"蛙跳"了。我们邀请中国外国文学学会及其下属的英国文学研究会、德语文学研究会、法语文学研究会、西葡拉美文学研究会、东方文学研究会和全国美国文学研究会等一流专门机构，联合组织评选"21世纪年度最佳外国小说"，每年度评选上一年度各语种最佳长篇小说，一般总量为5~7种。也就是说，只要各学会真正发挥专业作用，人民文学出版社一年将引进翻译出版若干种各国年度一流作品。可以说，人民文学出版社出版外国文学时，采取"蛙跳战术"，站到了当代外国文学出版的专业高地上。

"21世纪年度最佳外国小说"评选已经进行了17年，集腋成衰，人民文学出版社至今已经翻译出版超过100种外国当代长篇小说，而且这一评奖活动在国际上正在产生影响。有意思的是，有两位法国作家，一位是帕特里克·莫迪亚诺，一位是勒·克莱齐奥，他们的作品《夜半撞车》和《乌拉尼亚》先后获得了"21世纪年度最佳外国小说"奖，后来他们也先后成为诺贝尔文学奖的获奖作家。这是不是也证明了中国的外国文学评委会是颇具世界文学水准的呢？经过10多年的努力，我们可以说，人民文学出版社出版了一批外国文学精品，维护住了自己应有的文学专业出版地位。

人民文学出版社
《乌拉尼亚》

人民文学出版社
《夜半撞车》

第 20 讲 小社打出来的"大排炮"

什么是"打排炮"?早年间我还在以文学写作为主业的时候,作家们对某位同行一段时间里在重要刊物上密集发表中短篇小说和组诗的赞语,就是"打排炮"。后来我转型成编辑和出版人,"打排炮"又成了我们对一些出版社推出有影响力的丛书、文库的说法。商务印书馆张元济先生就是以"世界文库"开启西方思想文化名著的出版,从而在当时的出版界颇具美名的。王云五先生主政商务印书馆时,也做了"万有文库""大学丛书",都可以称为"排炮"。

作家的作品"排炮"可以让读者尽快记住他的名字,出版社的丛书"排炮"可以成为出版社的品牌。美国最著名的大众出版机构兰登书屋,早在 1925 年创办之初,创始人贝内特和合作伙伴唐纳德就筹集了 21.5 万美元从利弗莱特出版社收购了"现代文库"。经过利弗莱特出版社的多年运作,当时的"现代文库"

已经在美国具有相当的影响力，但是由于出版社老板利弗莱特陷入多元化经营的陷阱，为了渡过难关，利弗莱特无奈中只好把"现代文库"卖出去。贝内特他们买到"现代文库"后，开始用心重新打造这个品牌。他们通过多种形式，扩大"现代文库"的影响，其中包括与各地书店沟通、巡回演讲、做电视节目，等等。他们不断宣布推出入选"现代文库"的新作品，悉心呵护"现代文库"，使它成为兰登的基石、兰登的骄傲、兰登的品牌。兰登书屋就是这样从无到有，从"现代文库"起家，发展成为当今世界最著名的大众图书出版机构的。

故事要说回这一讲的题目来。这一讲的题目是"小社打出来的'大排炮'"。我要介绍两家地方出版社打出来的"大排炮"，一家是广西的漓江出版社，另一家是安徽教育出版社。在20世纪八九十年代，它们都还属于规模较小的地方小社。

20世纪八九十年代，我国当时稍微活跃一点的中青年作家，几乎没有不知道漓江出版社的。为什么？很简单，这家出版社当时打出了一轮他们不能不知道，甚至不敢不知道的"大排炮"——"获诺贝尔文学奖作家丛书"。

当时，上海的外国文学著

漓江出版社
《爱的荒漠》
《饥饿的石头》
《特雷庇姑娘》

名翻译家郑克鲁和上海译文出版社资深编辑金子信，两人有一个创意，认为20世纪国际上最著名的文学奖——诺贝尔文学奖获奖作家的作品应当被集中起来，逐一介绍给中国的文学读者。他们把这个出版创意提供给几家比较有实力的文学出版机构，可惜都没有被采纳。一个偶然的机会，这个出版创意被远在广西的漓江出版社接受了。首先是漓江出版社当时的上级主管领导有眼光、有谋略，肯定了这个创意；再就是漓江出版社诸位同仁有雄心、有气魄，一团热气要上这个项目；还有就是责任编辑刘硕良有勇气、有毅力，埋头苦干，扎实工作，承担下这个任务。当时还真是说干就干，1983年这套丛书就出版了第一批4种，分别是法国作家马丁·杜伽尔的《蒂博一家》，德国作家保尔·海泽的《特雷庇姑娘》，法国作家莫里亚克的《爱的荒漠》和印度诗人泰戈尔的《饥饿的石头》。这4部书虽然都是大部头，而且《蒂博一家》还是4卷本，但是读者的反响很好。因为丛书名大气磅礴，作品内容令人耳目一新（当时除泰戈尔之外，其他几位作家在中国还鲜为人知）；这几部书编选精当，体例缜密，每卷都有比较得当的译本前言，并附有颁奖词、授奖演说、作家生平、作品要目、作家访谈等重要资料，其体例和风貌为当时的丛书所未见；再加之这套丛书的译者选择的也都是熟悉这些获奖作家的中国翻

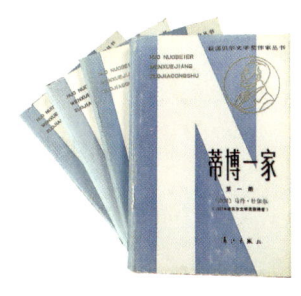

漓江出版社
《蒂博一家》

译家。所以,"获诺贝尔文学奖作家丛书"头炮就此打响。

有名言道:入门既不难,深造也是办得到的。虽然是这个道理,可是,真正做起一套大丛书来,可就得说另一句名言了,那就是:不积跬步,无以至千里。开头几本书打响不难,难的是要把近100年来的诺贝尔文学奖获奖作家一人一本地出全了。瞻望前程,不免视如畏途。1985年漓江出版社从广西人民出版社独立出来,成为实体,当时这套丛书一共也才出版10种。直到1985年漓江出版社落脚在桂林城,这套丛书的编辑出版才算真正拉开架势。

首先是编辑团队颇具实力。参与的编辑包括主编刘硕良在内最多时达到8位,老中青搭配协调,语种比较齐全。最重要的是,编辑团队均以参与此丛书的编辑工作为幸事和乐事。再就是组稿思路进一步明确。基本思路就是翻译工作要邀约最熟悉该作家的中国学者来主持,无论译者身居高位还是远在边陲,出版社都要千方百计邀约到丛书中来。如果将这套丛书的译者名单排下来,还真称得上当代外国文学研究界的群英谱。这一组稿思路显示出地处小城的漓江出版社一点都不局限于小城,而是眼观六路、耳听八方,更多的时候是直指"北上广"的一流学者译者——那个时候好像还没有"北上广"这个说法。漓江出版社打出这一丛书"大排炮"的炮弹大都来自"北上广"。还有一点也是不可或缺的,那就是连续工作的韧性和耐力。丛书共有 82 卷,出版跨时 15 年,没有相当的韧性和耐力要完成是不可能的。

下面要说另一家出版社——安徽教育出版社。

安徽教育出版社倒没有打出像漓江出版社"获诺贝尔文学奖作家丛书"这样的堪称"世纪性的排炮",但是作为一家地方教育出版社,他们并没有局限在为地方基础教育事业服务这样一件事情上,而是在做好为地方基础教育事业服务的前提下,追求更高层次的出版方向,通过一个接一个的出版"大排炮",建立起了自己的品牌,提高了辨识度。

安徽教育出版社《宗白华全集》

安徽教育出版社在美学出版领域深耕细作达 30 多年。早年他们举全社之力推出《朱光潜全集》《宗白华全集》《邓以蛰全集》《蒋孔阳全集》等多位美学大家的作品,打出来的可是连珠"排炮",炮炮打响。其中,《朱光潜全集》获第八届中国图书奖、全国优秀畅销书奖,《宗白华全集》获第二届国家图书奖。其后,他们坚持把美学作为长期规划和重点打造的产品线,陆续出版了《通俗美学》《走出古典——中国当代美学论争述评》《胸中之竹——走向现代之中国美学》《人类生命系统中的美学》《中国古典美学举要》《西方古典诗学与美学》《中华美学大词典》《中华审美文化通史》《美学的历史——20 世纪中国美学学术进程》等百余种美学类精品图书,汇聚了几代顶尖级美学学者群体,成

安徽教育出版社
《中国艺术批评通史》

为国内美学出版的重镇。这一结果,恐怕是包括许多中央级出版社都没有料到的。安徽教育出版社在"打排炮"上可谓保持定力,精准发力,久久为功。

2015年10月,安徽教育出版社又重力推出艺术美学又一重要成果《中国艺术批评通史》。全书分为7卷,共320万字,由北京大学叶朗教授、朱良志教授领衔主编。这是我国第一部关于中国艺术批评的通史类著作,学术价值自不待言,立项之初,就入选了"十二五"国家重点出版规划项目,后来成为国家出版基金资助项目,获得了第六届中华优秀出版物奖。

安徽教育出版社的"大排炮"在我国出版行业里一直十分引人注目。新世纪初,他们积15年之功,于2008年出版了39卷本《李鸿章全集》。那实在是令藏书家艳羡的一套大书。2015年,他们出版的15卷本《桐城派名家文集》,自然是读书人急于搜

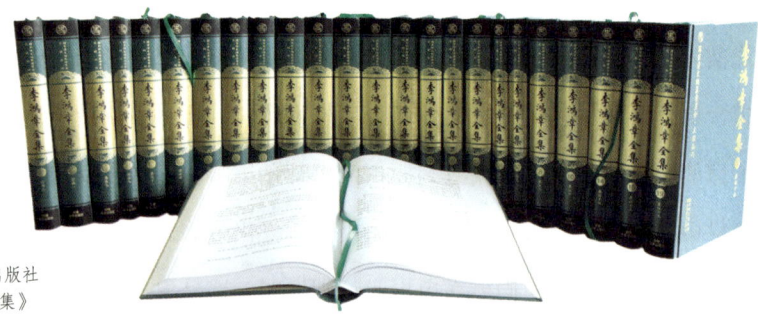

安徽教育出版社
《李鸿章全集》

求的阅读宝典。2018年,有专家向我推荐安徽教育出版社最新出版的10卷本《中国阅读通史》。近10年来我一直在做全民阅读推动工作,看到这套由北京大学著名教授王余光主编的大书,我实在是喜出望外、激动不已。后来我了解到,安徽教育出版社于2004年跟王余光教授合作,提出《中国阅读通史》编撰计划,到2017年年底正式出版,时间跨度竟然长达13年,足见编撰这部大部头作品耗费的精力之巨。其间经历了几任社长,但是每一任社领导都没有放弃这个项目,都在积极推进。可见,一个出版社要连续打响出版上的"大排炮",只有一任社长、总编辑的识见和魄力还不行,还得有一代又一代社长、总编辑的共识和不懈努力啊!

安徽教育出版社
《中华审美文化通史》

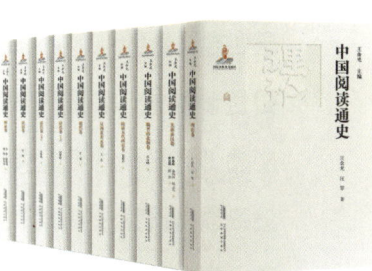

安徽教育出版社
《中国阅读通史》

第21讲　沙里淘金做出精品书

扫一扫·听音频

20世纪30年代，著名编辑家、作家叶圣陶在商务印书馆担任《小说月报》主编。在这一时期，叶圣陶在大量自由来稿中努力发现佳作，热情提携作者，从而提高了《小说月报》的质量，成为文坛和出版界的一个佳话。

当时，丁玲只是一位名不见经传的文学女青年，她慕名向著名文学杂志《小说月报》投稿。没有想到，叶圣陶从一大堆来稿中发现了丁玲的处女作《梦珂》，审读之后认为是一篇好作品，决定在头条位置上发表，自然也就隆重推出了一位文学新人，引起了文坛的关注。丁玲受到极大鼓舞，接着又创作了为她赢得更大声誉的《莎菲女士日记》等3篇小说，而且都是在《小说月报》头条位置发表的。这样一来，这位文学新人就陡然成为一颗闪亮耀眼的文学新星了。叶圣陶写信给丁玲，告诉她4篇小说可以出一本集子，并为她联系开明书店出版。小说集出版后，引起文坛强烈反响。后来,丁玲为此从外地专程来到上海登门感谢叶圣陶。叶主编不善辞令,只是不停地叮嘱这位青年女作家:"继续写吧,认真地写。"50多年后,丁玲对叶圣陶说:"要不是您发表我的小说,我也许就不会走这条路了。"

当时,巴金在巴黎留学,把自己的第一部中篇小说《灭亡》抄在5本硬皮练习本上,邮寄给《小说月报》编辑部。叶圣陶慧眼识珠,决定采用,并在杂志预告上写道:"《灭亡》,巴金著,这是一位青年作家的处女作,写一个蕴蓄伟大精神的少年的活动与灭亡。"小说发表后,25岁的巴金便走上了文学名家之路。50多年后,巴金回忆道:"倘使叶圣陶不曾发现我的作品,我可能不会走上文学的道路,做不了作家;也很有可能,我早在贫困中死亡。"当时,施蛰存的处女作《绢子》、戴望舒的名诗《雨巷》等都是经叶圣陶之手发表的。茅盾的第一部小说《幻灭》也是经叶圣陶之手发表的。头天茅盾把小说交给叶圣陶,第二天叶圣陶就对他说:"写得好,今天就发稿。"后来茅盾说,叶圣陶处理稿件那么认真快速,让他很"吃惊"。

上面说的几部作品都是中国现代文学史上的精品之作。大家不妨设想,倘若没有大编辑家叶圣陶的沙里淘金、慧眼识才,我们在出版上将有多么大的损失啊。

当代长篇小说《林海雪原》的出版更有一番曲折故事。

故事要追溯到20世纪50年代。当时，国内的出版社不多，人民文学出版社每年收到的长篇小说来稿堆积如山。人民文学出版社那时候立有规矩，虽然是自由来稿，但是来稿必须处理，只是处理的速度总是不尽如人意，造成了许多积压稿。承担这项工作的通常是年轻编辑。刚从辅仁大学毕业来到出版社的年轻编辑龙世辉，在处理长篇小说积压稿的时候，看到了《林海雪原》初稿。

《林海雪原》初稿很有特点：第一个特点是稿纸有大有小，有用信笺写的，也有用小学生作业本写的；第二个特点是每一叠稿纸是用各种颜色的毛线拴起来的；第三个特点是作者的字儿老长一个，伸胳膊踢腿的，很不好认。看到这3个特点，龙世辉也就对来稿质量不抱什么希望，但是，尽职尽责的他还是耐心地一页页翻下去。翻着翻着，他阅读的速度就慢了下来。小说中的故事情节、细节和人物的性格特点吸引了他，特别是"奇袭奶头山""智取威虎山"这些闻所未闻的战斗故事让他产生了强烈的兴趣，杨子荣和少剑波这些人物形象令他印象深刻。读完全部书稿，龙世辉马上向出版社副社长楼适夷作汇报，认为这是一部具有很好基础的作品，值得予以帮助提高。楼适夷是一位著名作家和编辑家，肯定了龙世辉的想法，支持他同作者曲波建立联系，为作者的修改提供帮助。

读过《林海雪原》的不少读者都猜测作者曲波就是小说主人

公少剑波的原型。这个猜测有一定道理。曲波确实带领小部队参加过林海雪原剿匪斗争,担任过团政治处主任、团政委。但也可想而知,他只是一位善于行军打仗的战斗指挥员,而不是一位有写作基础的作者。龙世辉明显看出这部作品的初稿问题很多,尽管题材很棒,作者的生活底子厚实,可是结构不够合理,语言粗糙,文学性不强,严格地讲初稿只是一堆素材,必须进行改写。他热情地邀请作者曲波来出版社,一起商量如何修改书稿。

曲波如约而至。龙世辉耐心细致地给他讲如何构架长篇小说,如何剪裁取舍素材,如何运用文学语言,等等,就像上了一堂小说写作课。编辑谈的这些知识和道理,曲波几乎闻所未闻,但感到收获很大。曲波对龙世辉说:"您是大编辑,我听您的。"当时初稿中没有对爱情的描写,龙世辉觉得一部长篇小说全都是男子汉打仗的故事,有点儿单调,不容易吸引读者,便别出心裁地提出设计一个女性人物的构思。

作者曲波按照编辑龙世辉的意见,对初稿做了一次全面修改。可想而知,作品的结构调整比较好处理,可是其中文学性的提高绝非一日之功。龙世辉看过修改稿,自然发现距离要求还有较大差距。作者曲波本身还担任着领导职务,工作很忙,就诚恳地请求龙世辉给予帮助,对稿件全权处理。出于对文学出版事业的热忱和职业责任感,龙世辉毅然接受了作者的委托。

龙世辉本来打算按照原稿进行编改，可是后来发现还是要全面梳理一次，因而花了大量的时间，几乎把小说重新改写了一遍。他在作品中增添了一个重要人物"小白鸽"白茹，这才有了"少剑波雪夜萌情心"等情节。设计"小白鸽"白茹这个人物有两个目的：一是鸽子象征和平，设计一个救死扶伤的白衣天使白茹，表达共产党人"战争为了和平"的思想；二是"小白鸽"的活泼、美丽，可以冲淡战争的恐怖气氛，避免故事的单调。白茹除了作为少剑波的"歌颂者""崇拜者"出现以外，她还是整个战争丑陋、血腥的对立面，以一个护士的身份，一直履行着救死扶伤的职责。总之，"小白鸽"白茹这个人物的设计，极大地丰富了作品的内容。

龙世辉经过3个多月废寝忘食的改写和编辑，在得到作者曲波完全同意之后，终于将《林海雪原》定稿发排付印。还有一点要说到的是，这部作品原名是《林海雪原荡匪记》，龙世辉觉得书名的格调过于狭小，因为整部作品不只是扫荡土匪的故事，还反映了部队指战员的性格情操、当地人民群众的生活变迁，等等，于是他建议作者把书名改为《林海雪原》。我们可以感觉得出来，改后的书名，显然更大气，而且富有诗意。

1957年9月《林海雪原》正式出版，立即引起了巨大反响，作者曲波一举成名。据粗略统计，仅至1964年1月，该书的印量便超过了156万册。新时期以来,这部作品作为红色经典依然受到持续的欢迎。小说被改编成京剧《智取威虎山》,并被多次改编为影视剧,都获得了巨大成功。如果不是编辑出版人不辞辛劳,沙里淘金,点铁成金,《林海雪原》怎么能够及时出版并成为一部精品书呢?!

人民文学出版社
《林海雪原》(1957年版)

人民文学出版社
《中国当代长篇小说藏本:林海雪原》

第22讲　多重开发出精品

20世纪80年代曾经有一套被许多读者追逐的学术丛书，那就是商务印书馆的"汉译世界学术名著丛书"。当时这套丛书第一辑计划出版50种书，而且还不是一次出齐，可是许多读者就认定了这套丛书，几乎是出一本买一本，打算慢慢凑齐。现在这套丛书已经出到700种。我本人也是众多对"汉译世界学术名著丛书"顶礼膜拜的读者之一。不过，很多读者不一定知道，这套丛书之所以能够在改革开放新时期很快面世，与商务印书馆长期的坚守和积累是分不开的。

早在1902年，张元济先生主政的商务印书馆就开始编辑出版汉语翻译的世界学术名著，打头的就是严复翻译的《天演论》《原富》，到1933年共出版了200多种。新中国成立后，1958年中央确定商务印书馆的出版任务是"以翻译外国的哲学、社会科学方面的学术著作为主，并出版中外文的语文辞书"。到

1966年前，商务印书馆翻译出版的西方学术名著已有500多种。只是后来由于政治上的种种变故，这项业务中断了10多年。直到进入改革开放新时期，译介世界学术名著才又重新提到出版日程上来。1982年，商务印书馆隆重推出精心编选的"汉译世界学术名著丛书"第一辑，共50种。当时，正处在波澜壮阔的思想解放运动中，尽管有些书的出版引起了很大争论，譬如萨缪尔森的《经济学》当时就受到了一些很激烈的批评，然而，"青山遮不住，毕竟东流去"，商务印书馆的"汉译世界学术名著丛书"现在已经蔚为大观了。

毋庸置疑，商务印书馆的"汉译世界学术名著丛书"堪称我国学术出版的一大精品。这个精品出版工程，从1902年算起，历时已经超过百年。可以这么说，对一个正确的出版理念的长期坚守和持续开发、创新、积累、扩张，才成就了这套精品丛书。

关于通过多重开发出版资源、做出精品书的出版故事并不少见。1987年，岳麓书社曾遴选民国时期出版的有关中国文化的图书编了一套"凤凰丛书"。丛书取名凤凰，是取凤凰再生之意。该社总编辑钟叔河在给读者的推荐词中写道："本来书一绝版，它的生命亦即结束，但如果它有'史的价值和文的趣味'，那么总会有人喜欢它，希望它能再生的。"这套丛书对民国资源的再次开发和有效挖掘，既实现了对文献的保存和学术的传承，也带来了较好的经济效益。

中国青年出版社近些年重新推出的"红色经典文库"系列图书也取得了良好的社会效益和经济效益。其中包括《红岩》《红日》《红旗谱》《青春之歌》《烈火金钢》《敌后武工队》《铁道游击队》等。这些都是中国青年出版社长期坚持组织出版积累下来的优秀长篇小说，经受过读者的检验和历史的考验，既是文学史意义上的经典作品，又是当前大众读者不可或缺的精神食粮。

新世纪以来，图书市场上出现了一套"中学生课外文学名著必读丛书"（2000年初版，2001年改版为"语文新课标必读丛书"，人民文学出版社），为改变我国教辅读物的格局，使我国教辅读物由原先的应试教育课外辅导模式向素质教育课外辅导模式转变做出了贡献。

那是1999年，我担任人民文学出版社社长，提出要建立少

岳麓书社
"凤凰丛书"

中国青年出版社
"红色经典文库"

儿读物编辑室和教材出版中心。那时,国家决定要实现中小学教育从应试教育向素质教育的转变,我们意识到,中小学开展素质教育,必然要开展大量的课外阅读,而文学作品必定是中小学生主要的课外阅读内容。后来,人民文学出版社的少儿读物编辑室编辑出版了"哈利·波特系列"小说,教材出版中心编辑出版了"中学生课外文学名著必读丛书",这两套书一直热销至今。

"哈利·波特系列"小说我将在后面作专题介绍。这里专门讲一下"中学生课外文学名著必读丛书"。出版业不少朋友对这套丛书的出版表示羡慕和赞扬,认为出版社看得准、下手狠。这当然是符合事实的。不过,我发现很少有朋友注意到,这是人民文学出版社长期以来坚持正确出版理念和持续开发、创新、积累、扩张的结果。

早在1951年3月,人民文学出版社成立之初,第一任社长、著名文艺理论家、作家冯雪峰就为出版社确定了出版发展理念,一共8个字:"古今中外,提高为主。"数十年来,人民文学出版社就是按照这个理念去开展文学出版业务的,出版积累了大量"古今中外"名著,已然成为我国文学出版领域"古今中外"全面协调发展、规模最大的文学专业出版机构。以至于2000年3月,教育部新修订的《中学语文教学大纲》第一次明确指定了中学生课外文学名著必读书目30种,人民文学出版社出版过并拥有专有出版权的就占到26种。人民文学出版社之所以拥有这么雄厚的出版实力,实在有赖于数十年来对正确出版理念的坚守和持续

人民文学出版社
"语文新课标必读丛书"

开发、创新、积累、扩张。

  当然，这也不能说人民文学出版社的后来者是坐享其成。前面说过，我们除了成立专门部门去跟踪、研究教育改革，及时组织设计选题，还做了大量编辑营销工作。比如，入选的《红楼梦》，出版社采用的是更适合中学生阅读的由俞平伯先生校点、启功先生作注的版本，放弃了冯其庸先生注释详尽更适合专业人士使用的版本。对《三国演义》和《西游记》中那些难懂的古代典章制度、佛教用语、古代词语，编辑都做了简要的注释，使中学生更加容易理解小说内容和小说反映的历史。此外，为了帮助学生阅读和老师讲解，出版社还在每本书的前面附上了一篇由相关专家撰写的导读。在营销上，每本书定价平均低于市场同类图书2~3元，这也是让中学生和家长们感到满意的地方。他们认为出版社没有把"课外阅读"变成学生和家长们的"课外负担"。由于出版社的精心多重开发，这套丛书现在已经扩张到70种，一直被认为是最受中学生欢迎的课外阅读精品丛书。

第23讲　锲而不舍持续改进出精品

我们说，在大众、教育、专业三大出版领域中，大众出版追求的是原创，教育出版讲求的是服务，而专业出版则要在持续的改进中使精品书臻于完善。那种出了一本即无疾而终的态度，是对专业出版资源最大的浪费。

科学出版社出版的一本获奖图书——翟婉明著《车辆—轨道耦合动力学（第四版）》，就是持续改进而成的精品书。

由西南交通大学牵头，以翟婉明院士为首席专家的课题组率先提出并创建了机车车辆—轨道耦合动力学全新的理论体系，在国际上首次建立了机车车辆—轨道统一模型，解决了轮轨动态耦合建模和散粒体道床振动模拟两大国际性难题，创建了"翟—孙模型"，成为国际上该领域4种代表性模型之一。在技术开发和工程应用方面，"翟—孙模型"都得到具体的应用和实施。以翟婉明院士为首席专家的课题组的研究，推动了铁路动力学学科的新发展，为我国铁路现代化建设特别是高铁事业发展做出了重要贡献。

《车辆—轨道耦合动力学》1996 年在一家出版社出版，2007 年转到科学出版社出版第三版。这部专著的第三版成为作者申报院士的主要材料。6 年后，即 2013 年，科学出版社这部书第三版的责任编辑，主动找到翟院士，建议对专著再作修订，出版第四版。这是作者不曾想到的。责任编辑提出建议，希望新版专著能更新数据，去除陈旧内容，增加新的内容，特别是城市轨道交通和高铁建设的内容，并强烈建议增加索引以求与国际科学技术论著接轨。作者欣然接受了责任编辑的意见，做了认真细致的修订工作。修订后的书稿送到出版社后，责任编辑竟然一笔不苟地手写了 31 页稿纸的审稿报告。之后，这部书稿的审读报告在第三届全国优秀审读报告评选活动中获得了一等奖，图书本身也获得了第六届中华优秀出版物奖。

科学出版社
《车辆—轨道耦合动力学（第四版）》

锲而不舍，持续改进，终于让一部首版于 20 年前的学术专著获得了国家级大奖。

上海古籍出版社对我国伟大的戏剧家汤显祖作品的搜集整理和出版，也是持续改进的典型案例。

2016 年是汤显祖、莎士比亚和塞万提斯 3 位世界大文豪逝世 400 周年，联合国教科文组织开展了相关纪念活动。在英国，著名的布鲁姆斯布里（Bloomsbury）出版社出版了《1616：莎士比亚和汤显祖的中国》。中国各地也紧鼓密锣地举办着各种活动。2016年初，上海人民出版社、上海古籍出版社与上海戏剧学院率先联合举办"纪念汤显祖逝世400周年学术研讨会暨《汤显祖集全编》《汤显祖研究丛刊》新书发布会"，其中尤以上海古籍出版社新出的《汤显祖集全编》最为引人注目。

我国现代出版的最早一部汤显祖作品合集是1962年由中华书局上海编辑所（即后来的上海古籍出版社）出版的《汤显祖集》。该书诗文部分由徐朔方先生笺校。徐先生还撰写了全书的前言。该书戏曲部分则由前辈钱南扬先生校点。徐先生时年39岁，钱先生63岁。徐先生能膺此大任，当基于其此前已于1956年完成了《汤显祖年谱》，并于1959年完成了《牡丹亭校注》。《牡丹亭校注》出版后一版再版，成为迄今为止最经典、流行最广的版本。当时，对于《汤显祖集》的编校出版，整理者与出版社编辑可谓筚路蓝缕，立下开拓之功。不过，这第一部作品集，由于时代的局限性，不免存在诸多遗憾。

随着新时期汤显祖研究的深入，无论是原来的《汤显祖集》还是后来分别出版的《汤显祖诗文集》和《汤显祖戏曲集》，都存在不少错误和不足。徐朔方先生本人重修了《汤显祖年谱》，并编写了汤显祖同时代曲家年谱汇成《晚明曲家年谱》出版。

在此基础上，一部真正意义上的徐朔方校《汤显祖全集》，于1999年由北京古籍出版社推出。

与《汤显祖集》相比较，《汤显祖全集》当然有很大改进。除了根据后来发现的书籍和相关研究成果改正笺校中的讹误外，还增补了一整卷的"制艺"55篇，并增补佚诗、佚文和尺牍等44篇，删汰了误收的佚作7篇。《汤显祖全集》的出版将汤显祖研究又推到一个新的高度，图书获得了第十二届中国图书奖。不过，由于排校等方面的原因，《汤显祖全集》还是留下了不少遗憾。因而，《汤显祖全集》并没有流行开来，后来学术界引用的多半还是过去的《汤显祖集》。对《汤显祖全集》深入地修订整理，势在必然。然而，随着笺校者徐朔方先生2007年去世，徐版《汤显祖全集》成为绝响。

可是，随着汤显祖文学地位的不断提升，影响力的不断扩大，出版一部新的全集显得尤其重要，学术界为此普遍表示焦虑。

上海古籍出版社自然是不会就此放弃对汤显祖作品的搜集整理和出版的。或者说，《汤显祖全集》的修订已经成为上海古籍出版社编辑们的一块心病。中华民族数千年戏曲史上出了一位世界级的大师汤显祖，对他的作品的搜集整理是后世学术界、出版界责无旁贷的任务。徐朔方先生为此已经做出卓越贡献，而后继工作应当继续下去才是。在汤显祖逝世400周年之前，上海古籍出版社邀请若干汤显祖研究专家和古籍辑佚专家共同担纲汤显祖作品的续补遗工作。他们收录徐朔方先生生前未发表的对全集的勘误，吸收10余年来学界研究成果，增订从各方汇拢的佚文40余篇，在编排次序之后依全书体例加画专名线，尽量消除原集标点、文字、体例等方面的疏误。2015年12月，上海古籍出版社终于出版了截至目前收录汤显祖存世诗文、戏曲作品最齐全的深度整理之作《汤显祖集全编》。

就在汤显祖逝世400周年、上海古籍出版社创立60周年之际，《汤显祖集全编》出版了。上海古籍出版社在盘点既往出版成绩的同时，还约请相关学者，对汤显祖的作品作进一步的深度整理和出版，着眼长远规划。这就是专业出版锲而不舍、金石可镂的不朽精神。

我们要说，锲而不舍、持续改进，不独是专业出版要有此精神，在做所有出版物时，只要是有改进价值的出版物，我们都应当秉承这一理念。真正的精品书不可能在书籍获奖的时候完成，而应当在对它持续的完善中实现。

上海古籍出版社
《汤显祖集全编》

第 24 讲 用精神和品德来团结作者

　　一位优秀的编辑出版人，一定团结着一批优秀的作者；要做好精品书，他更需要与一流作者合作。"用精神和品德来团结作者"，这就是我国现代出版史上出版大家邹韬奋的重要经验。

　　邹韬奋是三联书店的主要创始人之一。他在 1926 年才正式进入出版业。比起当时声名显赫的张元济、陆费逵，邹韬奋只不过是一个刚刚出道的大学生，接办的《生活》周刊正处在起步阶段，生活书店更是白手起家。这个时候，要做精品出版，谈何容易！

　　说容易其实也容易。也就是 5 年时光，《生活》周刊发行量跃升为当时全国杂志第一；生活书店创办不到 5 年，出版杂志 10 种，出版图书 400 多种。这些杂志都可以称得上是当时的名刊。其中有鲁迅主持、黄源主编的《译文》杂志，有茅盾主持、傅东华主编的《文学》杂志，还有陈望道主编的《太白》、郑振铎主编的《世界文库》。生活书店的这些杂志在两年多时间里发表过鲁迅的专稿79篇，其中还有鲁迅翻译的俄国作家果戈理的长篇小说《死魂灵》。此外，鲁迅还将翻译的《桃色的云》（俄国爱罗先珂著）、《小约翰》（荷兰望·蔼覃著）、《表》（苏联班台莱耶夫著）等书，一并交由生活书店出版。生活书店能够在这么短的时间内发表出版当时大名鼎鼎的大作家鲁迅的这么多作品，这在其他出版机构完全是可望而不可即的。生活书店一直保持着对鲁迅、茅盾等著名作家的尊重，因而以自己的精神和品德努力实现了与他们的更多合作。

邹韬奋领导的生活书店，其出版风格是坚持时代精神，永远立于大众立场，为此，需要更多贴近生活和大众的作者。而长期为生活书店提供作品的著名作家有一大批，主要有鲁迅、茅盾、夏衍、胡愈之、郑振铎、傅东华、陈望道、黄源、沈启宇、沙千里、徐步、史枚、徐懋庸、张庚、章乃器、夏征农、李公朴、沈志远、戈公权、戈宝权、艾思奇、柳湜、胡绳、薛暮桥、胡仲持、羊枣、沈从文、巴金、郁达夫、叶圣陶、老舍、张天翼、王任叔（巴人）、黎烈文、端木蕻良等。可以说，这个强大的作者群里的作家，都与邹韬奋交往多年，其中许多人与邹韬奋称得上是志同道合的文坛挚友。

出版者和作者，可谓唇齿相依。从精品出版的过程来看，作者自然地处于出版的前端,具有写作的主动性,可是从书刊出版的过程来看,出版者又掌握着经营的主导权。这二者间有一种协调互助的关系。当时,不少作者靠卖文为生,平时没有固定收入,生活十分窘迫。邹韬奋的生活书店对作者的生活境况十分理解,凡作者有求,则书店必应,杜绝发生店大欺客、让作者苦等稿酬以至于生活难以为继的情况。李公朴和王光祈在国外留学时经济情况非常窘迫,他们的稿子一旦寄到《生活》周刊,只要主编认为可用,尽管还未刊出,杂志社也赶快先把稿费汇出。他们为此一直都很感激邹韬奋的照顾。有了诸如此类重情义的合作,出版机构的口碑自然会越来越好,很多作者势必会成为出版机构更加稳固的合作伙伴。

拥有那么多稳固合作的优秀作者,生活书店不出版精品书都不可能。在20世纪30年代,生活书店就出版过许多有价值的图书。例如"世界学术名著译丛"中的《价值、价格与利润》《雇佣劳动与资本》《德国农民战争》《费尔巴哈论》,"青年自学丛书"中的《社会科学研究法》《新人生观讲话》《思想方法论》《认识与逻辑》《逻辑与逻辑学》《邓肯自传》《中国的水神》《中国娼妓史》《中国蚕丝业与社会化经营》,"救亡文丛"中的《中国不亡论》《全面抗战论》《民众动员论》《抗日与外交》,以及邹韬奋、杜重远、沙千里、章乃器、胡乔木、张友渔等所写的

"政论集",还有政治、经济、军事、外交、文化教育、历史地理、科学技术等各类著作。

在文学艺术方面,生活书店出版了《我与文学》《文艺笔谈》《文学百题》《文学问答集》《给初学写作者的一封信》等,还出版了邹韬奋的随笔名著《萍踪寄语(初集、二集、三集)》和《萍踪忆语》。沈从文的著名中篇小说《边城》,也是由生活书店最先出版单行本的。这些精品书,受到当时青年读者的广泛欢迎。

为了做好精品书,邹韬奋非常注重发挥著名作家的影响力和号召力,鲁迅、茅盾、郭沫若、夏衍、丁玲等都常常为生活书店推荐优秀青年作家的书稿。邹韬奋利用茅盾的影响力和号召力,发起"中国的一日"的征文写作,出版后取得很大成功。这就是一个突出的案例。

1936年初,邹韬奋和茅盾商议,开展一次全国性报告文学征文活动,由茅盾主编成一部《中国的一日》,以达到反映全国各地民众抗日要求,与当局的不抵抗政策作一对照的目的,也可以向读者介绍在这国家生死存亡之时,全国的黑暗与光明,反映大众的精神状态。茅盾非常赞同邹韬奋的提议,商定征文的"中国的一日"主题是指1936年5月21日在中国大地上发生的故事。这次活动,以茅盾任主编的编委会名义发出征文启事,邀约社会各界人士,把这一天的所见所闻所感记录下来,使之成为中国社会的一个横断面。这一征文出版活动在社会上引起巨大轰动,除了有著名作家参与征文外,大多数来稿均出自工人、教员、学生、警察、士兵和农民等普通大众。全书80余万字。书中还收录插图70余幅,其中木刻作品由鲁迅选定,以反映当时中国社会生活的实况。这部书的出版成为当时社会上的一件盛事。茅盾主编的《中国的一日》是我国现代文学史上第一部大型报告文学集,堪称大众出版中的精品,也成为此后我国"一日"型出版物的父

生活书店
《边城》

生活书店
《中国娼妓史》

生活·读书·新知三联书店
《给初学写作者的一封信》

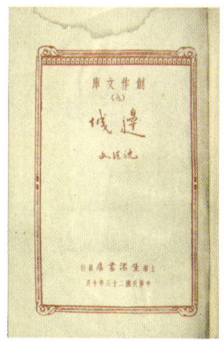
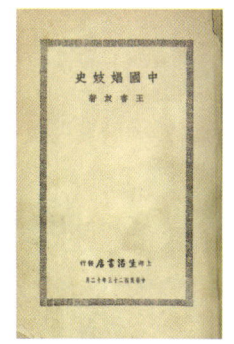

生活书店
"救亡文丛"

本和母本，持续影响着中国文学界和出版界。

"用精神和品德来团结作者"，这是作家夏衍赞誉邹韬奋出版工作经验的名言。邹韬奋之所以能够在不长的时间里主持出版了一大批优秀书刊，其中不少至今还称得上是精品，就是因为他依靠作者、团结作者、与作者友好合作。这是所有编辑出版人必须汲取的经验。

 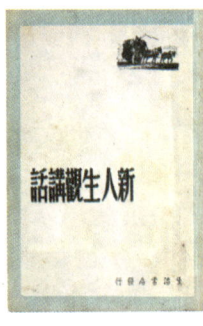 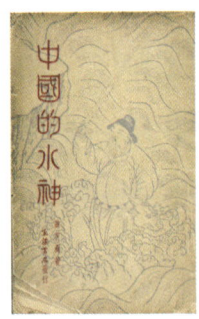

生活书店"青年自学丛书"

第24讲
用精神和品德来团结作者

生活书店
"世界学术名著译丛"

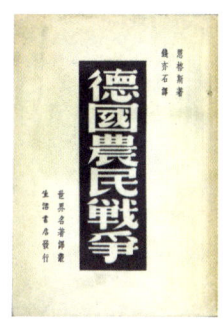
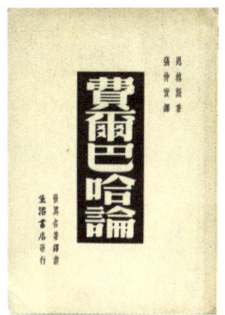
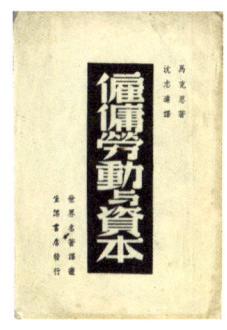

生活书店
《文学百题》

生活书店
《文艺笔谈》

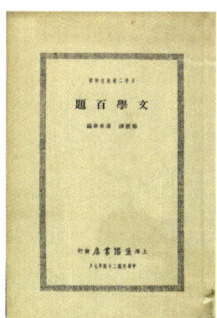

生活书店　　　　　生活书店
《我与文学》　　　《萍踪忆语》

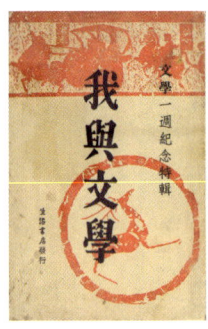
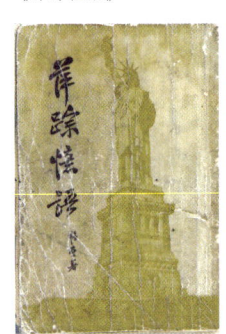

生活书店
《萍踪寄语（初集、二集、三集》

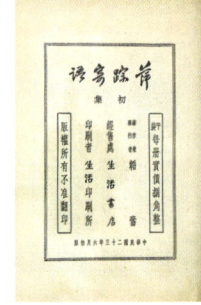

第 25 讲　要把作者当朋友

作者工作是编辑最重要的工作之一。德国著名的苏尔坎普出版社的继任社长翁泽尔德，为著名的"彩虹丛书"出版做出了卓越的贡献。他有一句名言："我们不出版书，我们出版作者。"很显然，他是把做好作者工作当成了出版人工作的核心内容。

那么，究竟怎样才算是做好了作者工作呢？在我看来，最好能做到把作者当成朋友。这样一来，朋友之间的事业合作，才可能心心相印、长盛不衰。

1925 年初，北京大学才子罗家伦到德国留学，不久，最初的赞助款中断，眼看学业难以为继。他的恩师蔡元培将罗家伦的情况转告张元济先生，希望商务印书馆给予援助。张元济慨然允诺，分两次共汇寄 1500 元，资助罗家伦完成了学业。罗家伦非常感激，写信给张元济："盖认先生为纯洁之前辈，而且素承知遇之前辈也。"

后来，商务印书馆对罗家伦还有过一些资助。虽然此事是由老商务人蔡元培牵线的，可是更因为张元济极为看重罗家伦的才学，希望他在学业上有所发展，日后为商务印书馆所用。

这样一来，张、罗二人自然成了忘年交。1925年，罗家伦在英国第一次接到张元济的资助后，曾给张元济写了一封5000字的长信，详细介绍了自己的治学计划。1926年，罗家伦翻译了《思想自由史》一书，托人代交商务印书馆出版。一直到1949年，罗家伦有10余部著译作陆续在商务印书馆出版，如《思想自由史》《科学与玄学》《新人生观》《新民族观》《耕罢集》《黑云暴雨到云霞》《疾风》《西北行吟》《近代英文独幕名剧选》等。

张元济与罗家伦交往的故事成了出版业的佳话。其实，出版社编辑与作者的交往更多时候还是"君子之交淡如水"，编辑只要与作者友善相待、相交，便能获得作者的尊重和真诚回报。人民文学出版社老总编辑屠岸曾经回忆自己与作者的交往。他说杜甫有一句诗"不薄今人爱古人"，我们套用一下，叫"不薄老人重新人"。他说，对老作家一定要重视，我们一般都会登门拜访。"文革"结束前，屠岸去看望过许多老作家，比如到四川出差，他就拜访了沙汀、艾芜、马识途等。那时，老作家们还没有最后落实政策，只是政策氛围开始宽松了。见到屠岸，老作家们感动得掉了眼泪，说"出版社的同志们还来看我"。后来，沙汀、马识途等都把他们新完成的小说交给人民文学出版社出版。

人民文学出版社一直有一个传统，即每个编辑室甚至每个编辑，都有一个作者联系名单，以便于跟作者保持长期联系。长篇小说《白鹿原》的作者陈忠实就曾经写文章，回忆人民文学出版社的编辑与他数十年情义深长的往来。

那还是1973年隆冬时节，人民文学出版社青年编辑何启治读到青年作者陈忠实在地方刊物上刚刚发表的短篇小说处女作《接班以后》，认为这位作者基础不错，于是到西安出差时辗转找到他，建议他给出版社写长篇小说。陈忠实觉得这简直是异想天开的事情，断然不敢答应。两人素昧平生，却站在寒风凛冽的西安街头交谈。何启治耐心地鼓励、开导陈忠实，让陈忠实很受感动。后来，何启治回到北京又给陈忠实写信，信写得很长，仍然是鼓励他进行长篇小说写作，把在街头的谈话以更富于条理化的文字表述出来。从此，他们成了文学朋友。此后几十年，他们每一次见面，或在北京，或在西安，或在其他城市，都继续着在西安街头的那种坦诚和真挚的交流，延续着也加深着相互的信赖。

改革开放之后，我国的文学创作有了很大繁荣。20世纪80年代，人民文学出版社创办大型文学期刊《当代》。何启治在约到陈忠实的中篇小说并发表在《当代》上之后，又继续鼓励他写作长篇小说。每一次见面，何启治都要叮嘱陈忠实："什么

人民文学出版社
《白鹿原》

时候写了长篇小说，先给我们。"在这个过程中，编辑所展现出的巨大耐心和热忱，几乎是对一个苦苦探索的业余作者艺术生命的守望。就是在编辑如此这般坚持下，陈忠实终于下定决心，开始了长篇小说《白鹿原》的构思和写作。

这时，听说陈忠实写长篇小说了，先后有两家大出版社向他邀约长篇小说稿，陈忠实只能向他们坦诚地解释与何启治有约在先。作家坚守着与何启治的约定：如果写长篇，要先给他，给人民文学出版社。

4年后，《白鹿原》初稿终于完成。这是陈忠实第一次写长篇小说，心里没有底。他一面修改初稿，一面写信向何启治报告写作即将完成，请他来或者派人来取书稿，同时希望派来的编辑是文学观念新一些的。作家心里忐忑，害怕作品被思想观念不合时宜的编辑否决。他后来回忆道："如果仅仅只是因为艺术能力所造成的缺陷而不能出版，我毫不犹豫地对夫人说，我就去养鸡。"看得出来，为了这部作品，陈忠实可是把自己的人生都搭上去了。

何启治派来的编辑是人民文学出版社很优秀的两位编辑，他们是高贤均、洪清波。陈忠实按照约定，一大早就抱着近50万字的书稿去招待所交给两位编辑。他想对他们说，希望他们能认真审读，但又不想给他们造成压力，犹豫和紧张之间，突然有一句话涌到他的嘴边：我连生命都交给你们了。但最后这句话还是压在喉咙下没有说出来，憋得他几乎涌出泪来。倒是两位编辑坦诚地表示一定会抓紧拜读，认真研究，尽快把意见回告他。

陈忠实按常规把《白鹿原》书稿的审阅过程设想得较长，一部近50万字的书稿，走完初审、复审和终审这个轮番审阅的过程，少说也得两个月以上，因为编辑们不可能只看这一部书稿，他们要开会，要接待四面八方的来访者，还要处理日常事务。然而，完全出乎陈忠实意料的是，20天后，他就接到了高贤均的来信。他匆匆读完信后"噢噢噢"叫了三声就跌倒在沙发上，把在交稿时没有流出的眼泪倾泻了出来。

这是一封足以使作者癫狂的信。高贤均信中说，他们在从西安到成都再回北京的旅程中相继读完了书稿，回到北京的当天就给陈忠实写信。编辑阅读后的兴奋跃然纸上，而两位编辑共同的高度评价使作者激动不已。随后何启治也来信了，表达了自己的兴奋和喜悦。因为，这位著名编辑等待了近20年。从1973年冬天西安街头的鼓励、鼓动，到1992年在北京写《白鹿原》的终审意见，对于一位编辑来说也许时间太长了点，可是对于作者来说，起码没有使这位编辑益友失望，心便有了安放的地方。何启治和陈忠实的友谊从此更可谓牢不可破。这也就是后来无论哪家出版社出多少报酬也未能从人民文学出版社挖走这部堪称当代文学精品的深层次原因吧。

第26讲　如何发现优秀新作者

我们说，一些大出版家正是因为团结了许多优秀作者，所以才成功做出了许多精品书。这是一条重要的经验。可是，我们要问，这些优秀作者是怎么出现的呢？说起来自然是故事多多。这些作者，在写作和出版的过程中，有的是水到渠成，有的是一鸣惊人，有的是一帆风顺，有的是朋友提携，有的是机缘巧合。可是，也有很多新人作家长时间被埋没在茫茫人海之中，特别需要独具慧眼的编辑出版人去发现和挖掘。

邹韬奋团结在身边的一大批优秀作者中，就有一些是他用心发掘出来的青年才俊。其中有一位叫艾寒松，只是复旦大学肄业生，从未与邹韬奋谋过面，只因喜欢《生活》周刊，对邹韬奋特别佩服，就用化名写了一封长信给邹韬奋。邹韬奋读到艾寒松的来信，觉得艾寒松是个人才，复信约他来面谈交流。邹韬奋看到来信用的是复旦大学的信封，复信就寄往复旦大学的传达室。传达室把邹韬奋的回信作为待领信件搁在那里。邹韬奋久等不见回音,又爱才心切,就在《生活》周刊上发出一封致艾寒松的信,请他到周刊社面谈。艾寒松恰好也没读到这封信。直到某一天,艾寒松经过学校传达室门口,偶然看到这封待领信件,顿感喜从天降,赶紧找到《生活》周刊社,见到了邹韬奋。两人一见如故。邹韬奋当场邀请艾寒松来《生活》周刊工作。艾寒松欣然应召。后来,艾寒松在《生活》周刊发挥了很大的作用,除了做了大量编辑工作外,还撰写了一系列介绍社会改革的文章,受到青年读者特别的喜爱。

《文学季刊》

大家都知道写出许多脍炙人口的乡土风情小说和散文的大作家沈从文。他的《边城》《湘行散记》写得那么美,引得许多人现在还要追随着那优美的文字去湘西边地探风情、寻美景。可是,很多人可能不知道,90多年前,20岁的沈从文到北京求学无果,成为"北漂"一族,打算以写作谋生。当时盘缠基本用尽,他寄宿在会馆里,可以说苦不堪言。同许多初出茅庐的文学青年一样,沈从文最初的习作投寄报刊后犹如泥牛入海,杳无消息。在穷困潦倒中,他每天早上只能吃一点冷馒头就咸菜,做着每月得20块稿费的美梦。他写文章,向各处投寄。《晨报副刊》的主编徐志摩在大量来稿中发现了沈从文的才华,刊发了他的许多文章,使他有了较为稳定的一点稿费收入,解了他的燃眉之急。徐

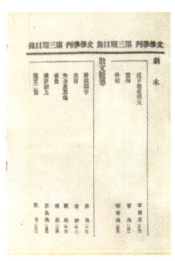
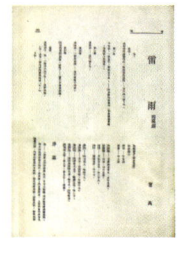

《文学季刊·雷雨》

志摩当时已经是著名诗人,不仅热情发表沈从文的作品,还热情写文章推介沈从文的作品。沈从文的散文《市集》发表时,徐志摩写了《志摩的欣赏》,对沈从文丰富神奇的想象力推崇备至。徐志摩的评论,宣布了一个文学新人的出现,帮助沈从文进入了"新月"作家群。后来,徐志摩又推荐沈从文先后到上海中国公学、山东青岛大学等学校任教,使他获得了能够长期写作的稳定环境,从而写出了更多的优秀作品。

关于编辑出版人发现优秀作者的故事有很多。巴金与中国现代文学界另一位大师曹禺,也有一段编辑出版人发现新作者的佳话。

1933年8月,还是清华大学四年级学生的万家宝(笔名曹禺),完成了自己的处女作——大型话剧《雷雨》初稿的写作。他将稿子交给新创大型文学刊物《文学季刊》的主编之一靳以。靳以是曹禺在南开中学的同学,他了解曹禺的才华,于是就向《文学季刊》第一主编郑振铎推荐这部作品。不料,郑振铎看了《雷雨》剧本后,认为写得太乱,不打算发表,就搁置了下来。靳以不甘心曹禺同学辛辛苦苦写出来的厚达数百页的剧本没人理睬,过了不久,他又将剧本交给《文学季刊》负责审读剧本的编委李健吾看。李健吾是当时很有影响力的文学评论家,在戏剧文学方面造诣颇深。不料,这位评论家看过《雷雨》剧本后,也不认可,表示不能推荐发表这个剧本。靳以十分尴尬，只好把剧本暂时放在抽屉里，继续等待时机。

不久，机会终于到来。巴金从上海来北京访友，借住在《文学季刊》编辑部里。这个编辑部平时只有靳以一人工作。巴金在此前后住了几个月，并同时应邀兼任《文学季刊》编委。巴金对编辑工作从来是十分用心的。在编辑部里，他对靳以说了对编辑工作的一些建议，主张还是要注意文坛的新人，组稿的面要宽一些，不一定都要盯着有金字招牌的名家或文坛上的名人，还要多多发表有才能的新人的作品。巴金的建议提醒了靳以。靳以随即告诉巴金：以前周末常到我们这儿坐坐的文学青年万家宝，他写了一个剧本，放在我这儿半年多了。家宝是我的好朋友，我不好意思擅自采用他的稿子。巴金一听很感兴趣，马上要来《雷雨》初稿。

巴金当晚一口气读完了《雷雨》初稿，非常感动。他后来回忆道："……在那间用蓝纸糊壁的阴暗小房里，我翻读那剧本的数百页原稿时，还少有人知道这杰作的产生。我是被它深深感动了的第一个读者。我一口气把它读完，而且为它掉了泪。"第二天，巴金就将这个剧本推荐给郑振铎，并且提出要将这个剧本在《文学季刊》上一次刊登完。

靳以第三次推荐《雷雨》获得了成功。在巴金的力主下，《雷雨》剧本很顺利地发表了，并且引起强烈的反响，一时好评如潮。此后，曹禺陆续创作出《日出》《原野》等名剧，产生了一批堪称中国现代文学代表作的著名话剧。更重要的是，《文学季刊》隆重推出了一位戏剧文学名家，即后来中国现代文学史上著名的大作家曹禺。

在这个案例里，审稿编委巴金发挥了最关键的作用。他以作家的敏感和高度的艺术鉴赏力，慧眼识宝，发现了《雷雨》的价值。同时，靳以作为组稿人3次力荐也功不可没，像春秋时期楚国人卞和"抱璞献璧"的故事一样令人感动。

成了大作家的曹禺后来说过这样一段话："事实上最使一个作者（尤其是一个年轻的作者）痛心的还是自己的文章投在水里，任它浮游四海，没有人来理睬。这事实最伤害一个作者的自尊心。"这段话应当与曹禺的自身经历有关吧。说起来，那些作者中不无卓具才情的人才，他们的文章投给了出版机构，因为没人理睬，最后导致出版业乃至社会错失了这些人才和作品，实在是非常可惜的事情。编辑出版人要做好精品出版，不能一味寻求与大家、名家的合作，因为很多出版机构都会追着要跟他们合作，所以，有时约到他们的书稿会比较困难。编辑出版人应当加倍用心地去发现新的优秀作者，这样的优秀作者一旦被出版机构挖掘出来，将会有着很好的忠诚度，成为出版机构做好精品书的重要力量。

第 27 讲　好作者就在我们身边

少年儿童出版社
《女生贾梅全传》
（1999 年版）

我在人民文学出版社做社长时，在大会上曾经公开说过："我希望咱们人民文学出版社编辑队伍里多出几位名作家和名翻译家，大家要为此感到高兴才对。就像 20 世纪 80 年代，那时人民文学出版社就有很多位名作家、名诗人、名翻译家，比如严文井、楼适夷、韦君宜、牛汉、绿原、蒋璐、刘辽逸、王央乐、屠岸，等等，五六十年代，甚至还有萧乾、周作人，他们既是编辑，又是著名作家。这些丰厚的作者资源，为人文社贡献了大量宝贵的作品。人文社之所以成为业内著名的文学出版社，与此是有很大关系的。"

还有不少知名出版社都拥有既是编辑、也是出色的作家这样的人才资源。许多青少年读者喜爱的当代著名儿童文学作家秦文君就是上海的少年儿童出版社的编辑。秦文君著有《男生贾里全传》《女生贾梅全传》《小香咕新传》《十六岁少女》等大量很

少年儿童出版社
《男生贾里全传》
（1997 年版）

接力出版社
《小香咕新传》

有影响力的作品。1996年，秦文君获得意大利蒙德罗国际文学奖特别奖。在国内，秦文君获得的奖励就更多了，有中宣部"五个一工程"奖，有全国优秀少儿读物奖、中国作家协会全国优秀儿童文学奖、宋庆龄儿童文学奖、冰心儿童图书奖、中国图书奖、国家图书奖、中华儿童文学奖、儿童文学园丁奖、上海文学艺术优秀成果奖，等等。当时，听说这么一位实力派作家就在上海的少年儿童出版社，许多出版社负责人艳羡得很啊！

出版社要做好精品出版，那当中最重要的条件——作者，有时候就在我们自己出版社里，就在我们身边，可是有时候这些作者常常被忽视了，真是有点儿可惜。

现在，我们发现湖南少年儿童出版社就有这样一位相当出色的作者。1993年，她作为绘本女画家荣获第14届布拉迪斯拉发国际插画双年展（BIB）"金苹果"奖，是我国获得该奖项的第一人。2000年，她又被聘为第34届博洛尼亚国际儿童图画书插图展评选委员。说到这里，许多少儿出版绘本专业的同行都知道，她叫蔡皋，是长期供职于湖南少年儿童出版社的编辑。她工作之余从事绘本、绘画以及散文创作，出版了许多堪称精品的绘本书，譬如《桃花源的故事》《晒龙袍的六月六》《月亮走我也走》《月亮粑粑》《李尔王》《青凤》《干将莫邪》《中国美丽故事》《田螺姑娘》《海的女儿》等。看过蔡皋绘本的人，几乎都会被她浓

北京十月文艺出版社
《十六岁少女》

烈奔放而又单纯明净的画作感动。知名绘本专家冯健男评价说:"她用满腔的柔情,将纯洁、天真烂漫的孩子们装在自己的心胸之中,她深知孩子们的喜、怒、哀、乐和理想需求,所以,她才能在她的作品中将儿童情绪描绘得淋漓尽致。更令我敬佩的是:蔡皋她没有把儿童美术、画小人书看成'小儿科',相反,她视这为神圣的大事业、大世界,并倾注了全身心的精力,笔耕不辍。她几十年为了孩子们创作了大量的、真善美的精神食粮,哺育他们成长。"

可以说,蔡皋是中国原创图画书领域举足轻重的作家、画家。在30多年的创作生涯中,她创作了众多蜚声海内外的图画书精品,在中国图画书发展史上堪称一位里程碑式的人物,在世界图画书创作领域也享有一席之地。大画家黄永玉看过蔡皋的画作,十分赞赏。作为湖南籍文化艺术大师,老人家激动地说:"湖南有福了!" 其实何止是湖南有福,也是中国原创绘本出版界有福了。我尤其要说,是湖南少年儿童出版社有福了!我们都说,要做好精品出版,首要的是要找到一流的作者,而现在一流的作者就在我们出版社里,岂不是近水楼台?岂能不捷足先登?岂不是有福吗?

其实"灯下黑",也是常有的现象。有时候反而是本社的作者得不到应有的重视。不过,蔡皋的境况不是这样的,她得到了

湖南少年儿童出版社
蔡皋绘本作品

湖南少年儿童出版社的高度重视和大力支持。

　　湖南少年儿童出版社的同行说,为了更好地打造、维护好蔡皋的影响力,湖南少年儿童出版社进行了一系列的营销宣传活动。比如她创作的《中国美丽故事》的新书发布会,出版社就选择在比较有艺术气息的德思勤24小时书店举行,邀请一些知名的阅读推广人、绘本馆主参会,特别安排蔡皋做了以"中国美丽故事——我和我的民间"为主题的演讲。蔡皋创作的《童心童谣》出版后,湖南少年儿童出版社在当当梅溪书院举办"久远的童谣,不变的童心"绘本创作分享会。出版社还以"播撒幸福"为主题邀请蔡皋到长沙市图书馆演讲,"六一"儿童节在湖南省图书馆开展主题为"我有一盏灯"的蔡皋公益讲座。在长沙市国防科技大学附属小学请蔡皋为学生家长讲述民间文化及亲子共读的重要性，在咸嘉小学通过电视直播请蔡皋为全校学生讲课，等等。在北京国际图书博览会上，湖南少年儿童出版社隆重举办"蔡皋的绘本世界新书品读会"，让蔡皋与著名儿童阅读推广人、美术院校著名绘本教授对谈，吸引了许多观众。2016年，湖南少年儿童出版社与长沙的一家艺术中心联合举办主题为"啊，布籽的季节"的长达两个月的蔡皋个人艺术展。展览期间，举办各类线下互动活动，包括艺术研讨与沙龙、绘本主题推广、亲子互动等。时隔不久，出版社又与长沙市博物馆等单位联合举办了"月亮粑粑——蔡皋的艺文世界"画展。展览历时1个多月，共吸引了17万余人次来参观，日均4000余人，最高峰时日参观人数达9000人。这是该博物馆展览多年不曾有过的盛况。

为了更好地打造蔡皋绘本这一精品品牌，湖南少年儿童出版社还根据蔡皋绘本的特点，设计了一系列蔡皋图书周边产品，比如明信片、各种主题的手绘笔记本以及图书角色挂饰等设计别致的产品。

湖南少年儿童出版社还努力通过强势媒体扩大蔡皋的影响。比如，设法让蔡皋参加湖南卫视《天天向上》节目录制，通过电视平台让蔡皋向全国观众介绍图画书作品。丹麦嘉宾"丹麦天使"第二次来湖南卫视录制《天天向上》节目，轰动一时，节目主持人将蔡皋的绘本《海的女儿》作为礼物送给尊贵的嘉宾，使得这部精品在节目中多次以特写镜头出现,有力提高了图书及作者的知名度。

　　作为出版社的一名编辑,蔡皋的创作得到出版社如此大力度的宣传推广,她是有福的,读者也是有福的。然而,拥有一位国际一流水准的绘本画家,湖南少年儿童出版社更是有福的。他们不仅出版了蔡皋一系列精品绘本图书,还吸引来不少同样出色的作者,进一步增强了出版社精品出版的实力。因此,我要说,出版业同行们一定要记住,精品书作者有时候就在我们身边,我们要发现他们、善待他们,努力发挥他们的作用,千万不要浪费了这些精品出版的宝贵资源。

第28讲 《文科知识百万个为什么》为什么成功

扫一扫·听音频

大型知识普及套书《文科知识百万个为什么》，全套共22个分册，1990年2月开始组稿，当年12月出版，首版发行2万套，1991年即获得第五届中国图书奖。中国图书奖当时是我国唯一的国家级图书奖。这套书的出版单位是漓江出版社。了解当代出版史的人基本上都知道，漓江出版社是以文学出版享有盛誉的，可是这个出版社头一回涉足少儿出版，即获得国家级图书最高奖，而且经济效益也很可观。这当中有什么原委吗？

当时，正是我在漓江出版社直接操作这套书的全部编辑出版工作。其中还是有些故事可以说说的。

首先要说的是怎么想到要做这套书的。当时我们想做少年儿童知识普及读物，一些新华书店的业务负责人给我们出主意，说是理科知识普及读物已经不少，市场缺乏的是文科知识普及读物。来自新华书店的这个信息无疑具有相当的价值。我们很激动，决

漓江出版社
《文科知识百万个为什么（汇编本上、下）》

定抓紧做文科知识普及读物。

有了做一套《文科知识百万个为什么》的决定之后，我们既有动力，也感到压力。为什么这么说呢？市场有需求，有空白点，我们可以及时去占领，这就是动力。压力在哪儿呢？首先是担心信息会扩散，别的出版社完全可能闻风而动，特别是那些少年儿童出版社，他们经济实力比较强，出版少儿读物的专业水准也比较高，一旦让他们抢先做出来，我们将失去先机。因此，我们认为必须以快制胜，决心一年内连组稿带编辑完成出版计划。

既然要以快制胜，当然首先是做好编写队伍的组织工作。当时第一个方案是在广西就近组织编写队伍。漓江出版社在广西，就近邀约大学和社科专业机构的专家学者组成编写队伍，组稿的速度和效率肯定会比较高。可是，在社里一讨论，有些同事表示反对，认为既然要面向全国读者，编写者局限于一隅，恐怕会缺少应有的影响力和感召力。于是出现了第二方案，那就是按照漓江出版社的套路去组稿，邀约国内一流专家学者组成编写队伍。20世纪80年代，漓江出版社凡是重要书稿，就要到"北（京）上（海）广（州）"去找一流的专家学者合作。这已经成为漓江出版社的习惯做法。大家认为最好还是找国内文科各科一流专家，甚至有一个建议是找冰心出任总主编。当时冰心老人正值90岁，还不时有短文面世。倘若能请到这位在少年儿童读者中享有盛誉的老作家担任总主编,又有国内一流专家学者担纲分册主编,套书的感召力自不待言。做出版的都知道,有了好作者,出版社做起书来可以有事半功倍之效。

第二方案很快占了上风。我们还意识到,以快制胜固然好,可是做出版最终还是要以质取胜的。哪怕有竞争者也来做同一类书,只要我们的作者更有影响力,内容更胜一筹,就有可能胜出。这样一来,相对而言时间就不是最重要的了。

当然,时间依然要抓紧。1990年春节假期刚过,我们就登上了去北京的火车。那个时候,从桂林到北京特快列车也要走两天。我们到北京后第一件事就是到中国社会科学院。中国社会科学院一直是漓江出版社在北京组稿的主要基地。到中国社会科学院的当天,我们就在外国文学研究所把外国文学分册的主编定了下来。外国文学研究所所长叶水夫先生应允担任外国文学分册的主编,外文所一干外国文学专家承诺担任写作任务。我接着就去往北京大学拜访袁行霈先生,请他出任中国文学分册主编。袁先生给我上过课,我们师生关系相当融洽。我说明来意,先生经过一番认真考虑,很诚恳地表示:这是一件非常重要的事情,那就给孩子们写点作品吧。我又斗胆请袁先生领我去拜望著名的汉语研究权威林庚先生,恳请他出任汉语分册主编。林庚先生和颜悦色地谢绝了我的邀请，但老先生看我有些失望，便建议我去邀请首都师范大学张寿康教授。张寿康先生是中国修辞学会会长，也具有相当的权威性。他听说是林庚先生推荐他担任汉语分册主编的，很高兴，也就爽快答应下来。接着，我们又通过各种关系，找到叶至善先生担任写作分册主编，黄宗江先生担任戏剧分册主编，李凌先生担任音乐分册主编，王琦先生担任美术分册主编，陈琳先生担任外语分册主编，宋世雄先生担任体育分册主编，等等，初步形成了一个比较权威的主编团队。然后我带上分册主编的名单，造访冰心先生。冰心先生是一位充满爱心的老作家，听说是为了中学生的全面发展，请她担任这套文科知识套书的总主编，非常高兴，就在我们的邀约函上签署同意。她说：中学生必须文科理科全面学习，德智体美劳全面发展，才能健康成长。她很认真地了解了初步邀请到的主编的基本情况，认为他们都是合适的人选。

总主编确定下来后，第一批10位主编也签下合同。由于有了这么一个好的开头，其后的主编邀约工作也就更加顺利。没到20天，我们就把所有分册的主编确定了下来。那时我还真的舒了一口气，这套书可以说已经有了强有力的感召力和影响力。

当然，其后，我带领编辑们奔走于北京的四面八方，帮助主编组织写作班子，跟写作班子讨论写作提纲，那可是一本一本地讨论各种文科门类中重要的趣味知识点，连同其后的编辑审稿校对，环环相扣，当年12月全套书正式印制发行，其中所付出的辛劳自不待言。

《文科知识百万个为什么》后来之所以取得成功，除了前面说到的要做好组稿、编辑工作之外，还要做好产品营销。我们先是做舆论营销，组织了两位专家，撰写要重视中学生文科教育的文章，在《光明日报》和《中国青年报》上发表，大声疾呼要克服重理轻文的倾向。这些舆论很重要，说明我们的套书是应运而生的。然后，我们直接组织产品营销宣传，强调《文科知识百万个为什么》是中学生文科知识普及读物，仅此一套。再就是强调"大学者写小文章"，质量一定有保证。中央电视台一套少年儿童节目为这套书专访冰心先生，影响面迅速扩大。《文科知识百万个为什么》首印2万套很快就批发出去。我们并没有就此打住。我们还做了一件事情，联合《中国青年报》开展《文科知识百万个为什么》读书知识大奖赛。《中国青年报》用了整整一个版面发表大赛题目，参赛的读者数以万计。大赛最后评出了一、二、三等奖和优胜奖，在北京隆重举行颁奖大会，中央电视台一套《晚间新闻》还对此做了报道。可以说，读书大赛活动很有力地推动了套书的销售。

回顾《文科知识百万个为什么》的出版经过，我看这套书之所以取得成功，可以总结出以下几条经验：一是组稿工作不能只图方便，而要尽可能寻找最合适的作者；二是内容生产只有不限于一隅，才能走向全国；三是知识读物的权威性、准确性和影响力，首先体现在作者方面；四是要找准营销点，有针对性地去做好营销；五是普及性图书的出版，如果能开展某些活动，将十分有利于持续的促销。当然，从根本上说还是书稿质量要过得硬。不过，上述几条也是不可忽视的重要条件。

漓江出版社
《文科知识百万个为什么》

第29讲 少儿出版的"梦之队"

扫一扫·听音频

许多人都知道,"梦之队"的说法最早来自美国。从1992年西班牙巴塞罗那奥运会起,每届奥运会或男篮世锦赛,美国都要从美国男子职业篮球联赛选派出代表美国最高水平的职业选手参赛,因而美国国家男子篮球队被称为"梦之队"。自那以后,凡是某些国家的某种体育项目在国际上持续保持压倒性优势,人们往往称之为某种体育项目的"梦之队"。譬如中国跳水队就被称为"梦之队"。

这一讲的题目是"少儿出版的'梦之队'",有人可能会暗暗吃惊。俗话说"文无第一,武无第二",在出版业内,具体到少儿出版,谁敢自称"梦之队"?谁又能称得上是"梦之队"?

这里的"梦之队"其实是个戏称。

30多年前,二十一世纪出版社与儿童文学作家董宏猷有过一次成功的合作。1986年,二十一世纪出版社出版了董宏猷创

二十一世纪出版社
《一百个孩子的中国梦》

作的梦幻体小说集《一百个中国孩子的梦》，产生了很大反响。《一百个中国孩子的梦》成为口碑很好的精品图书，后来在世纪之交入选由严文井等7位著名儿童文学作家发起评选的"百年百部中国儿童文学经典书系"。该书系精选精编20世纪100年间100位中国儿童文学作家的100部优秀儿童文学原创作品。《一百个中国孩子的梦》能入选可以说是一份难得的殊荣。《一百个中国孩子的梦》是一种跨文体写作，董宏猷以小说为基调，引入诗化的语言、散文化的结构，甚至散文诗的意境、纪实文学的叙事风格，开创了儿童文学的一种新的写作风格。

30多年过去了，二十一世纪出版社社长张秋林一直不能忘记当年与董宏猷关于那部梦幻体小说集《一百个中国孩子的梦》的合作。或者说，在中央发出全党全国人民要为实现中华民族伟大复兴的中国梦而努力奋斗的号召之际，张秋林作为一个出版人，觉得应当与这位梦幻体儿童文学作家接续前缘，建议作家再写中国儿童的中国梦。张社长联系了老朋友董作家，两人一拍即合。

董宏猷早就有撰写中国儿童中国梦的冲动，可是一直深陷于日常行政事务，写作时间得不到保障。于是，张秋林社长带领二十一世纪出版社的编辑团队，与董宏猷开始了编创之间的深度合作。

首先，同策划、同构思，编创无缝结合。

梦幻体小说集《一百个孩子的中国梦》2014年12月立项，2015年4月正式实施，计划在2015年年底完稿。然而一百个不同孩子的梦，意味着一百个不同的故事，一百个不同的主题，题材多样而浩大，内容涉及面很广，仅靠作者独立创作，没有个两三年恐怕难以完成。为了帮助作者以最快的速度保质保量创作出一百个梦幻故事，出版社领导让编辑室组成团队，全面协助作者创作。因为这是为了支持创作一百个梦幻故事而组成的编辑团队，作家董宏猷给他们取了一个名字，叫"梦之队"——这是为中国梦故事写作而组成的队伍。

这就是我所说的少儿出版"梦之队"这个称号的来历。

事实上，这个编辑团队所发挥的作用，也配得上超水平发挥的"梦之队"这一称号。

"梦之队"在作家正式开始创作前，对此后一系列工作进行了精密具体的部署。首先，"梦之队"经过多次与作家商讨，对"一百个梦"所要涉及的题材、人物设定以及体裁方式都做了大致的构思和整理，基本框定了所要创作的故事内容和主题表现。然后，"梦之队"对创作所涉及的体量巨大的资料进行搜集整理，并按照各位编辑的特点明确分工，责任到人。比如一位活跃在二次元世界的网络"宅男"编辑，"广撒网"式的资料捕获工作就交给了他。他将他所能找到的海量资料传给负责人，负责人根据作者创作的风格和叙事方式对这些资料进行消化，去粗存精，然后发给编辑统筹人员审定，最后再发送给作家。如此这般，作家基本上可以根据这些极富针对性的资料很快进入实际创作。

其次，"梦之队"人员随时待命，及时解决作家在写作中临时提出的资料需求。一般情况下，只要作家要某一种资料，"梦之队"三五分钟即可完成资料检索，最长不会超过10分钟，就能把资料传送到作家的邮箱。对这项工作，全队全力以赴，努力避免出现作家写作思路因等待资料而被阻断的事故。

再次，为了编创合作得天衣无缝，"梦之队"和作家一起闭关写作和编辑。编辑们切实担负起作家的生活管家的责任，学会做一个称职的文学经纪人。

创作任务艰巨，创作时间紧迫，对作家的身心都是一个极大的挑战。在很长一段时间里，作家的精神甚至进入了一种迷离恍惚的状态。为了保证创作的顺利进行，更为了保护好作家的身心健康，编辑们将作家的生活起居和健康维护归纳进系统的创作管理中。比如，作家什么时候该吃什么药，每天饮食如何搭配，尤其是帮助调整作家的作息规律，督促作家进行适宜的散步运动等。在"梦之队"的管理照顾下，作家的身心状况渐渐趋向平稳，保证了创作的进度。

此外，作家没有在北方生活的经验，没有相关资料积累，而抒写北方孩子的梦是深层次挖掘当前中国孩子生存现状和心理状态不可或缺的一个方面。此时正是写作的紧要关头，于是"梦之队"毫不犹豫派出编辑前往遥远的大西北采风。编辑们探寻承载人类古老文化的贺兰山岩画、延安古老的窑洞，见证沙坡头卓越的治沙成果，采访青海塔尔寺的小阿卡以及黄土高原上的孩子，面对面深入了解他们真实的生活状态和他们所拥有的中国梦。于是，一个个全新的灵感从编辑的脑海喷涌而出，一个个有血有肉、生动感人的故事接踵而来。后来作家笔下儿童关注传统文化的《兵马俑，快跑》、关注治沙成果的《爷爷的牙》，以及描述小阿卡生活的《魔鞋》，等等，就是如此这般得来的生活素材。

编辑的功夫更在于对文稿的后期处理。这部书的设计和编辑工作与其他常规出版的图书有很大的不同，就是编创同时进行。在作家创作过半时，出版社的美编团队就在组织封面的图稿、内文插画与版式设计了。他们约请多位插画家试画图稿，最终由编辑和作家一起商量选定了一位画家。在图书的呈现方式上，他们也是组织编辑和发行同仁数次商议，力求帮助读者获得最舒适的阅读效果。

为了按时完成编辑校对工作，作家每创作完一篇，"梦之队"的编辑、排版、校对工作就同步进行。2016年12月26日，这部长达50万字的梦幻现实主义新作终于付印。作家董宏猷看到跟自己一样疲惫的编辑们，十分感动。他说："我以为一本书写完就可以出版了，没想到还要经历这么多环节。编辑在后期要花这么多精力，真是不简单。"

《一百个孩子的中国梦》终于在2017年1月亮相图书市场。图书一上市立刻受到儿童读者们的喜爱，没过1个月即加印。这时，作家似乎可以歇一歇了，可是"梦之队"还不能休息。他们迅速组织专家进行评论，开了两个高质量的研讨会，还专门安排作家与小读者们面对面交流，接着又在全国中小学校开展"读梦写梦"征文大赛，使得这部图书获得尽可能大的社会效益和经济效益。后来，《一百个孩子的中国梦》获得了中宣部第十四届"五个一工程"优秀图书奖。而这部书精彩的内容和内容背后编辑与作家密切合作的故事，从此也就一起流传开来了。

第 30 讲　"动物小说大王"是怎样诞生的

作为一位 4 次获得中国作家协会全国优秀儿童文学奖的著名作家，沈石溪本人也承认，他的书从前卖得并不好，正如浙江少年儿童出版社原副总编辑孙建江说的："叫好不叫座。" 可是有什么办法呢？沈石溪的版权已经有约在先，1997 年他已经与一家少儿出版社签订了 10 年版权买断的合同。不过，没想到，那家出版社只做了一套《沈石溪动物小说文集》，共 10 本，各印了 1 万册就没有再印。沈石溪的动物小说也就乖乖地被圈在那家出版社的手里。

沈石溪小说写作的题材主要集中在动物上，对于"叫好不叫座"的动物小说作家总不好称他为"动物小说大王"吧？最多称他为"动物小说高手"就不错了。可是，现在，沈石溪已经被儿童文学的创作界、评论界、出版界称为"动物小说大王"，特别是许多书店也是这样为他的书打出广告的。这是什么原因呢？

原因就是作家改换门庭了。沈石溪的动物小说版权被浙江少年儿童出版社（以下简称"浙少社"）签了下来。在浙少社的运作策划下，沈石溪的动物小说越来越受到读者欢迎，成了超级畅销书。孙建江和沈石溪是20多年的老朋友。他说，很早的时候就希望出版沈石溪作品的浙少社版本。为此，他把沈石溪的书一直放在编辑室里，跟编辑和发行人员一起研究，花了很长时间，寻找最佳的切入点，琢磨这些作品怎么做才能发行好。2006年，沈石溪跟原先那家出版社的10年版权合约到期，孙建江立刻代表浙少社跟沈石溪签下了出版合同。2007年，正值中宣部提倡少儿出版要推出健康口袋本，浙少社乘势而上，很快推出了一套12册的"沈石溪动物传奇故事"口袋本。不过，这套口袋本书每册篇幅只有2万多字，开本小、图书薄，只有六七块钱的定价，书店提不起销售的积极性，最终在市场上无声无息。

是不是浙少社也没有摆脱沈石溪作品"叫好不叫座"的魔咒呢？浙少社是不会就此认命的。他们在推广口袋本的过程中看到中小学生读者们对沈石溪讲的动物故事如痴如醉，而且，他们还得到沈石溪作品入选人教版、浙教版语文教科书的信息，这就更增添了他们的信心。同时，他们也找到了动物小说的卖点。他们相信，增加编辑设计含量将是提升沈石溪作品市场竞争力的重要途径。

一计不成又生一计。浙少社放弃了口袋本的打算，决定做一套"品藏书系"。他们重新拟定编辑制作方案，与作者沟通、洽谈新的合作。首先从丛书名创新做起。他们认为，沈石溪多年专心创作动物小说，其作品数量和影响力在儿童作家中都首屈一指，"动物小说大王"可谓当之无愧，此名称响亮大气，对读者有足够的吸引力。沈石溪的作品，其艺术品质历经二三十年的时光检验，已得到专家和读者的认可，此次全新推出，力求在形式、内容上超越以往各种版本，精益求精，成为读者品藏的图书。于是，他们最终将丛书定名为"动物小说大王沈石溪·品藏书系"。从此，沈石溪"动物小说大王"的称号诞生了。

接着是确定"品藏书系"图书的开本。32开是最适于书店上架陈列以及图书馆馆藏陈列的形式，太大或太小的开本都不便于大范围的推广，尤其是小读者捧读时也不方便。但传统的32开尺寸略显局促普通，于是浙少社决定采用比传统32开的高度和宽度都大一些的大32开。这样既与一般图书有所区分，又显得开阔大气，能吸引读者注意，同时也适合卖场陈列和读者阅读需求。

图书的定价当然也很重要。根据市场经验，低于10元的图书，难以激发销售商的积极性，而高于20元，对于没有自主经济权的少儿读者而言，超出其消费能力，会抑制购买力，难以形成销量，16~18元是最理想的定价区间。当然，定价区间确定后，可以根据制作成本测算，最后拟定图书的篇幅厚度。

封面当然也是成败的关键。为了突出"品藏"的特质，这套书在封面设计的各个细节上都努力做到精益求精。封面图力求体现动物的原生态，另外还特别设计了书系的LOGO（标识），强调了丛书的品牌感。同时，编辑还精心整理了沈石溪所有入选教科书的作品篇目，在封底上集中展示出来，以此作为营销的亮点，充分体现作家的身份地位，让老师和家长放心——凡是作品入选教科书的作者都是得到官方层面和专业领域高度认可的。

最能显示编辑功夫同时也是最耗费精力的还是书稿的处理。出版社编辑对一些长篇作品进行了全新的编辑设计。如《狼王梦》《雪豹悲歌》等，全书一贯到底，中间没有章节标题。编辑考虑到少儿读者的阅读特点，经过与作者协商，对作品进行了章节划分，拟了简洁新颖的标题，增加了阅读的节奏感和吸引力。此外，有两部作品很长，有近30万字，印装成书后书的厚度和定价会远超该书系的其他品种，显然影响书系的整体形象和销售，也不适宜于少儿读者的购买和阅读。因此，编辑们与作者商议，分拆原著文本。他们细心寻找可以切分的节点，成功地将一本书拆分为两本内容相对独立的图书。而为了便于读者衔接阅读，又在前一本书的结尾处和后一本书的开头处分别增补了"内容预告"和

"前情提示"板块,让读者了解两本书的关联。

"品藏书系"是分批出版的,每批6本。这是考虑到,如果少于6本,丛书规模显得单薄,不成气候;如果品种太多,又容易分散宣传力度和读者的关注度,同时也会增加成本压力和市场风险。对第一批6本书的书目,编辑们可是做了精心选择的。他们选的前4本,分别有同名作品入选不同版本的语文教材,小读者的认知度高;另外2本是没有出版过的新书,能给读者带来新鲜感;6本书分别描写6种不同的动物,还都是小读者比较喜欢的动物。

2008年,浙少社的"动物小说大王沈石溪·品藏书系"闪亮登场。当然,出版社团队的密切配合、有力的营销推广也是这套书系成功出版不可缺少的条件,这里就不一一介绍了。书系基本上是以6本为一套分批面世,到2011年,一共出版33本,销售量突破3200余万册。其中最著名的《狼王梦》单本销量更是超过600万册。书系中还有其他5种的单本销量也都超过100万册。后来,浙少社又把销量超过100万册的6种书单独组合设计了一个精装版"动物小说大王沈石溪荣誉珍藏系列"。这时,我们说,沈石溪也就成为名副其实的"动物小说大王"了。

浙江少年儿童出版社"动物小说大王沈石溪·品藏书系"

第31讲 "笨狼妈妈"是怎样回家的

"笨狼的故事系列"是儿童文学作家汤素兰的代表作,也是我国儿童文学界和少儿出版界公认的精品书。这部作品出版10多年来,陪伴了许多孩子的童年时光。汤素兰也被孩子们亲切地称为"笨狼妈妈"。

"笨狼的故事系列"描写的是一匹笨得可爱的小狼。他十分善良,乐于帮助人,但也闹出过很多笑话。这些笑话让一代又一代孩子们迷恋。孩子们读起他的故事总是乐不可支。这部精品先后获得过宋庆龄儿童文学奖提名奖、第十四届新芽奖、中国作家协会第五届全国优秀少儿读物奖、中国作家协会全国优秀儿童文学奖、冰心儿童图书奖等奖项。这匹可爱、可笑的小笨狼已经成为我国儿童文学中不可多得的典型形象。

细数起来,全国少儿出版业真正拥有独特典型形象和儿童文学名家的出版社并不多,无非是人民文学出版社出版的"哈利·波特系列",接力出版社出版的杨红樱"淘气包马小跳系列",明天出版社出版的杨红樱"笑猫日记系列",江苏少年儿童出版社出版的"曹文轩纯美小说系列"和"黄蓓佳倾情小说系列",还有就是浙江少年儿童出版社出版的汤素兰"笨狼的故事系列",等等。可想而知,这匹小笨狼不仅赢得许许多多小孩子的喜欢,同时也获得了不少出版社编辑的青睐。他们有的总在想办法要把这匹"小笨狼"引进自己的出版社来,千方百计想跟作家汤素兰这位"笨狼妈妈"形成合作。

湖南少年儿童出版社"笨狼的故事系列"

而最为急于请到"笨狼妈妈"的出版社就是湖南少年儿童出版社(以下简称"湖南少儿社")。因为,湖南少儿社是汤素兰的"娘家",是她工作生活了16年的地方。20多年前汤素兰还只是湖南少儿社的一个年轻编辑,社里许多同事没有想到,她在业余写作时被浙江少年儿童出版社(以下简称"浙少社")的编辑看中,经过浙少社的深度打造,以"笨狼的故事系列"赢得大名。这可让汤素兰所在的湖南少儿社懊悔不迭,但毕竟晚了一大步。多少年来,用什么办法把这位受广大小读者喜爱的"笨狼妈妈"请回家来,可就成了湖南少儿社的一块心病。

在湖南少儿社做了16年编辑,2013年汤素兰要转到大学去做教授了。这时,湖南少儿社抓住机会,提出一个请求,请她设法把她的作品版权留下来。其实,汤素兰除"笨狼"外的很多作品版权都在湖南少儿社,唯独"笨狼"的版权,要把它从浙少社转回家来,那可不容易。

汤素兰和湖南少儿社反复磋商,决定成立"汤素兰儿童文学工作室",用体制创新的办法重新盘活她的现有版权,用双赢的方式与浙少社就"笨狼"的版权形成合作。浙少社既尊重同行湖南少儿社,更充分尊重作家本人的意向和心愿,从善如流地与他们商定了以后的合作方式。湖南少儿社的上级中南出版传媒集团股份有限公司高度重视这一举措,很快就批准了"汤素兰儿童文学工作室"正式挂牌。这样一来,湖南少儿社就从一般的经营图书品牌转变为经营作者品牌。作家工作室的成立不仅是出版社和作家的合作,更是全面整合作家个人资源以及对作家的全部核心内容进行收归的深度合作。

湖南少儿社为汤素兰儿童文学工作室配备了 5 位工作人员,其中案头编辑 2 人,营销编辑 1 人,美术编辑 1 人,整体运营负责人 1 人。从 2014 年 11 月成立,到 2017 年 5 月,湖南少儿社共推出汤素兰的图书 50 多种,"笨狼的故事"销售已接近 100 万册,其他单本书的销售也都将近 20 万册。同时,汤素兰的图书已有 20 多种成功输出版权。从新加坡的"亚洲少儿读物节",到博洛尼亚书展,再到湖南少儿社 2018 年 8 月承办的第十四届亚洲儿童文学大会,汤素兰的国际影响力正在形成。

第31讲
"笨狼妈妈"是
怎样回家的

湖南少儿社可不是坐享作家和浙少社的既有成果，他们决心要把汤素兰品牌做得更加响亮，影响力更大。其中首要工作就是对汤素兰作品进行有效整合。汤素兰儿童文学工作室的编辑分析不同细分市场，针对不同年龄阶段的儿童读者，开发不同类型的产品。他们针对学龄前3~6岁的幼儿，开发了"汤素兰图画书系列"；针对6~8岁小学低年级孩子，开发了注音读物"汤素兰暖房子童话系列"；针对8~14岁的孩子，开发了"汤素兰幻想精灵系列""笨狼的故事美绘本""汤素兰'童年风景'成长小说"等。再就是以作品的体裁细分重组作品。比如童话系列，就有长篇童话"笨狼的故事系列""汤素兰幻想精灵系列"和短篇童话集"汤素兰爱的童话系列"等；儿童小说，有《酷男生靓女生俱乐部》；散文系列，有《汤素兰童心书坊》，等等。汤素兰儿童文学工作室还在不同类型图书中，以高度的敏感性注意发掘和塑造明星产品。比如"汤素兰图画书系列"中的《红鞋子》，注音读物"汤素兰暖房子童话系列"中的《挤不破的房子》，"笨狼的故事美绘本"中的《笨狼和胖棕熊》，"汤素兰'童年风景'成长小说"中的《阿莲》，等等。这些或风趣幽默或含蓄隽永的故事被不断诠释、解读，在读者中形成深刻印象，并逐渐成为口碑读物。

湖南少儿社每年要策划200多场作家进校园活动，这是帮助

湖南少年儿童出版社
《挤不破的房子》

湖南少年儿童出版社
《阿莲》

作家跟读者作近距离交流,联系广泛人群和扩大作品内容传播度的重要方式。在湖南少儿社密集策划的作家进校园活动中,汤素兰要占到活动总数的近一半。这些交流沟通,本身也在丰富着作家的精神,使其更好地更新和生长。汤素兰儿童文学工作室成立4年间,汤素兰的直接和间接校园活动做了近500场,接触读者上百万人。

汤素兰儿童文学工作室安排专人负责运营开发"笨狼IP",开拓除纸质图书外其他介质产品并做价值产业链,这样的举措将让作家的作品价值最大化成为可能。工作室先后策划了"笨狼的故事有声书系列""笨狼的故事AR图书系列"等,并和亚马逊、掌阅等电子书销售平台建立紧密合作关系,获得了较好的推荐位次和推荐效果。《笨狼和他的小伙伴们》微动画片的启动和投拍,为"笨狼"形象以及汤素兰其他作品的价值提升提供了新的契机。

"笨狼妈妈"终于回家了。她的回家,可不是平平常常的回家团聚,而是有了一个全面的提升。现在,汤素兰与浙少社关系仍然很好,因为最早开发"笨狼的故事系列"的浙少社,至今还能继续享有这套书的版权。"汤素兰儿童文学工作室"模式惊动了少儿出版界,许多出版社立刻群起效仿。曹文轩儿童文学艺术中心、杨红樱工作室、王一梅工作室、冰波工作室、黄蓓佳工作室、沈石溪工作室、汤汤工作室等纷纷成立。这几年来，成立作家工作室成为少儿出版界的一次集体革新。

第32讲 精心陪伴作者打磨精品

儿童图画书《团圆》是2008年由明天出版社出版的。它讲述了一个关于过年的中国故事。早年间,孩子与爸爸只有在新年里才能团圆,实在是短短的相聚、沉沉的离别。父亲把一个长长的守望留在了女儿心里。《团圆》故事情节真挚动人,画面有着典型的中国绘画风格,充满了中国年的气息。这部书2009年获得首届丰子恺儿童图画书奖"最佳儿童图画书首奖",随后陆续被日本、韩国、英国等国的出版社引进出版。《团圆》英文版上了《纽约时报》2011年度"最佳儿童图画书"排行榜,成为中国大陆入选这个排行榜的第一部原创图画书。该书2016年还获得意大利博洛尼亚国际童书展插画奖。

说起这部书取得成功的经验,作者和编辑有一个共识,那就是,作者的创作是在编辑的精心陪伴之下完成的。

前面我们曾经介绍过一些案例,说的是当代出版史上,一些

第32讲
精心陪伴作者
打磨精品

著名编辑直接参与到作者文稿的改写中，发挥点铁成金的功效。可是出版业发展到今天，这样的故事越来越难得见到了。现在更多的是编辑"精心陪伴"作者打磨作品的故事。

儿童文学作家余丽琼说过，《团圆》这本书不是一下子就写出来的，它经历了43稿的修改。2005年整整一年她都在写这本书。创作的过程非常艰难，而且一开始她并没有想到要去写这个故事。起初，她写了一个关于过年的童话，而且是改编作品，并没有任何自己创作的冲动。编辑看到她的童话作品后，建议把这个故事改写成一个绘本故事。余丽琼一口答应下来，她想这应该不是非常难的事吧。她很快就修饰出了一个绘本故事，没想到编辑没通过。编辑说再改一稿。作者改了，编辑说还是不行。这时，让作者感动的是编辑并没有说"算了，你另找一家出版社试试吧"，而是对她说，你不要再往这个思路继续下去了，去找你的童年吧，你的童年应该会有类似的关于过年的故事。编辑这话一出，作者顿时想起了自己的小时候，想起了童年很多的往事，并很快找到了感动自己的那个点，就是小时候与父亲的离别、相聚。作者很幸运，她遇到了一位非常有耐心的编辑。之后，余丽琼很快写出了完全属于自己原创的一稿。开篇第一句话写下，她就感觉作品完全是自己的了："爸爸每年都会回来一次，那就是过年。"

新的一稿写出来，余丽琼兴冲冲地拿去给编辑。很快就有了

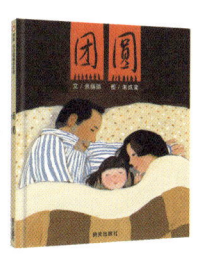

明天出版社
《团圆》

回应，编辑说，好，故事写出来了，但是还是没有通过，因为没有很出彩的细节。作者自己也觉得想表达的情感还没有完全表达出来，决心再改。编辑则是很耐心地等待，等待作者去找到故事里面那个最精彩、最精华的部分。在后来整整一个下半年的时间里，编辑一直在等待，作者也一直在创作。作者不停地去回忆自己的童年，去重新感知小时候的一些情感。编辑非常宽容，尽管他心里急得很，但还是没有催促，耐心等待。无论如何，创作还是掌握在作者的手中。编辑的优点就是能拿捏好这样的分寸，既热情支持作者，又严格要求作者，可以协助作者，但又不干扰作者的创作。编辑、作者不断地进行交流，事实上就是编辑作为第一读者谈读后感。编辑谈到绘本书要有故事，故事要有情节，跟作者讨论3岁女孩看到一年才回来一次的爸爸是什么样的心情和反应，等等，这就称得上是精心陪伴。《团圆》这部书稿前后改了43次，作者和编辑都不言放弃，最后一直改到付印之前。

　　有了好的故事文本，图画书也就成功了一半多，当然，绘画部分也具有决定性的作用。编辑用心寻找到在江苏一家出版社工作的著名绘本画家朱成梁。朱成梁是国内最早的原创绘本画家之一，他创作的极具乡愁情调的绘本在全国性图书评奖中得过奖。编辑尤其看重朱画家对江苏古镇风情有着长期的绘画积累和研究，就请他把江南古镇一个三口之家过年团圆的温馨而感人的场面描绘出来。

最终,《团圆》取得了很大成功。作者余丽琼回看来路,感慨良多。她对采访她的记者说:"无论创作者怎样去努力,如果没有遇上好的编辑,一个作品是不能达到最终的完美的。没有他们,就没有《团圆》。"

在出版业,作者在编辑的精心陪伴下取得成功的案例还有很多。2016年,上海的少年儿童出版社出版的长篇童话《布罗镇的邮递员》则是在编辑的另一种陪伴下取得了成功。

《布罗镇的邮递员》的作者郭姜燕是苏州大学实验学校的语文老师。回顾自己近10年的儿童文学创作之路,她对少年儿童出版社的编辑充满了敬意和感激之情。她与这家出版社合作近10年了,而合作是从被退稿开始的。10年来,在这家出版社的杂志和图书编辑部,她有过多少次被退稿,她已经记不清了。即使后来逐步走向成功,在这里出版过几部获奖的书,她也还时不时有被退稿的尴尬。可是,出版社越是退稿,越发使她坚信稿件质量第一的硬道理,越是打磨了她精心写作的意志和信念。

说来令人感慨。就在郭姜燕刚刚开始《布罗镇的邮递员》的写作时,她收到了少年儿童出版社退回的另一部书稿。这对于她简直是一种煎熬。可是,好书稿就是好书稿,不能用就是不能用,虽然这是对作者的煎熬,但也是对精品图书的耐心打磨。郭姜燕

少年儿童出版社
《布罗镇的邮递员》

把刚刚被退回的书稿放到一边，继续进行《布罗镇的邮递员》的写作。她一直在告诫自己，不要急，慢慢写。这么多年来事实已经证明，只要是内容质量过得硬的作品，就有可能让编辑满意，编辑永远在耐心地陪伴着她，等待着她。

《布罗镇的邮递员》的责任编辑后来一直清楚地记得自己从郭姜燕手中拿到这部书稿样张时的欣喜。故事内容是，一个叫布罗镇的小镇上，一个叫阿洛的年轻人，成为幼时向往的邮递员。他努力要做一个给人们带去温暖的邮递员，即使是沉睡多年、寄往可怕的黑色森林的"死信"，他也想方设法送到那里。他用自己的热心和善良，一次次化解了森林和小镇的对立，终于让人类意识到自己对大自然的残忍和不公。因此，在最后的灾难面前，人类和森林里的动物们达成了真诚的合作、完美的和谐。这样一部既具有强烈现实感受又充满童话想象的长篇童话作品，深深打动了责任编辑。这一回，不是退不退稿的问题，而是如何更快更好出版的问题。这部长篇童话出版当年就印刷9次，销量近14万册，被列入中宣部2016年"优秀儿童文学出版工程"，入选2016年度"中国好书"，获得第十届全国优秀儿童文学奖、第十四届"五个一工程"奖、第四届中国出版政府奖，成为儿童文学界名副其实的"大满贯"图书。

谁能想到，这位获得大满贯奖励的作者，在这部获奖书创作之时还被同一家出版社退稿。我们说作者创作精品图书，需要编辑的精心陪护，如此这般的退稿、用稿何尝不是一种精心陪护呢？

第 33 讲　有时候精品书是这样"抢"来的

扫一扫·听音频

2015 年 12 月，江苏凤凰少年儿童出版社（以下简称"苏少社"）在南京举办大型庆祝活动，庆祝曹文轩长篇小说《草房子》自 1998 年 4 月首次出版印刷起到 2015 年末，共印刷 300 次。《草房子》不仅卖得很好，文学界和少儿读者对它的反响也很不一般。它被媒体誉为 1998 年度中国少儿文学创作"最美的收获"。随之，《草房子》的各项荣誉纷至沓来，包括第四届国家图书奖、第七届"五个一工程"奖、第四届全国优秀儿童文学奖……

当时，少儿出版业许多人都在打听，《草房子》这么好的一部书稿怎么就落到了苏少社手上，说苏少社是接住了天上掉的馅饼都轻了，简直是接住了天上掉的钞票啊。这部精品的策划编辑、当时的苏少社社长刘健屏坦然地告诉同行，他说这书可不是天上掉下来的，是他"抢"来的。

我们都知道，《草房子》出版前，曹文轩已经是少儿出版界的明星作者。出版社要拿到明星作者的新作品，很多时候是需要动手"抢"的——当然，出版业内"抢"作者、"抢"精品，可不是硬抢，而是要下很大一番功夫的。

苏少社早就盯上了曹文轩这位江苏籍的北京大学中文系教授、著名儿童文学作家，只是一直苦于没有机会下手。1997年，社长刘健屏有一次外出参加活动，发现曹文轩也是应邀嘉宾，就设法让主办方安排他跟曹文轩同住一个房间。同为江苏人，这一点使得两人相处很是自然，海阔天空无所不谈。谈到兴头上，曹文轩把正在构思中的《草房子》的故事跟刘健屏说了，临了加了一句，这书已经被别家出版社预定了。此时的刘健屏已经完全被《草房子》的故事给迷住了。故事主人公少年桑桑跟随父母来到父亲出任校长的水乡油麻地小学读书。小学校舍是黄色茅草盖的草房子。桑桑是个喜欢异想天开、敢于做出一些出人意料行为的古怪的孩子，具有聪明、好奇、敢想、敢做、敢于自我表现等特点。六年的小学生活，他看到很多，经历很多，受到的启迪教育也很多……

江苏凤凰少年儿童出版社
《草房子》

刘健屏社长听完曹教授的小说构思，顿时全身血脉偾张。他想，这哪是草房子，这是金房子啊！深厚的文学修养和敏锐的文学判断力告诉他，这个出自在苏北农村长大而且文笔典雅的曹教授的构思，极有可能成为一部经典小说。于是，在那次活动中，刘社长和曹作家之间后来相处的一段时间，就成了能不能把这部小说交由苏少社出版的谈判。社长自然是"软硬兼施"，作家自然是在反复权衡，把原先已经预约过的那家出版社的组稿态度拿来跟苏少社的苦苦追求相比。乡情、友情加上文学情结，本来就心慈仁厚面子薄的白面书生就被意志坚定、不达目的誓不罢休的出版人说服了。刘社长把这本书的编辑工作交给两位年轻的文学编辑祁智和郁敬湘。年轻的编辑接手后，更是意气风发，迅速与曹文轩建立紧密联系。终于，在第二年年初苏少社出版了《草房子》。尽管苏少社对《草房子》抱有很大信心，可当时他们并不知道自己在创造历史，创造了一部小说在出版后18年的时间里印刷300次的历史。而今，这部小说还一直在重印。

为了把"抢"来的《草房子》长久地留下来，苏少社后来又有了把作家曹文轩长久地留下来的谋划。其实，这个时候的曹文轩已经认定苏少社是他作品的福地，双方一拍即合。当时已经成为苏少社社长的责任编辑祁智与曹文轩商定，由苏少社把以《草房子》为领头的曹文轩小说，冠名"纯美小说系列"，整体包装，进军市场，让作家产生更大影响。苏少社还有一个想法，就是借此让双方的合作更加牢固。后来，"曹文轩纯美小说系列"不断扩容，就是很自然的了。

说起来，苏少社这一番"抢"精品还是很文雅、很专业的吧？

不过，生活还在继续，故事还会发展。苏少社尽管做到了极致，可是，在极致的尽头还会有一番竞争。

2014年新年伊始，曹文轩儿童文学艺术中心在北京成立，这是天天出版社与曹文轩联合成立的一个既立足出版又超出出版的版权经营机构。该中心将对曹文轩创造的故事和形象在纸质图书出版的基础上，以电影、电视剧、舞台剧、游戏和各类文创产品形式加以衍生开发。该中心还将为曹文轩品牌的国际化助力，向世界推荐曹文轩。这一创举，一时间让少儿出版业内许多出版人瞠目结舌。

正因为有了曹文轩儿童文学艺术中心，天天出版社就有了足够的机会与曹文轩探讨合作了。2014年深秋，天天出版社副总编辑张昀韬和曹文轩一起去参加国际书展，目的当然是推动曹文轩作品的国际化发展。一般来说，旅途上可是交流的最好时机。苏少社社长正是这样"抢"到《草房子》的，天天出版社副总编辑也不会傻待着吧。两人在国外中转候机时聊起少儿创作的各种主题，聊起世界当代儿童文学，聊到2015年是中国人民抗日战争和世界反法西斯战争胜利70周年。年轻的副总编辑忽然问曹文轩有没有想过创作一个以战争为题材的故事。她慨叹中国当代儿童文学现在很少触碰这个严肃的题材，其实，世界儿童文学中，以战争为题材，产生了很多文学品质非常高的儿童小说。曹文轩

天天出版社
《火印》

顿时被激发了。他说自己脑子里还正好有这么一个故事,灵感来源于现代作家萧红在一个短篇中提到的两匹马。它们向村子跑来,跑到近处,人们才发现,它们身上烙着日本军营的火印。曹文轩说自己在阅读萧红作品中这几句短短的描写时,捕捉到了无比宝贵的灵感。张昀韬则说自己在凌晨转机的混沌中,激动地意识到,自己将要捕捉到一个无比珍贵的儿童文学新作。接下来的编辑与作者的沟通合作自然还有很多细节,这里就不一一列述了。

2015年初,长篇小说《火印》终于由天天出版社出版发行,曹文轩又一部创新之作闪亮面世,并在当年实现销售18万册。这部作品入选中宣部、国家新闻出版广电总局"纪念中国人民抗日战争暨世界反法西斯战争胜利70周年"重点出版物,入选2015年度"大众喜爱的50种图书",获得2016年陈伯吹国际儿童文学奖、第四届"少年中国少儿文化作品评选"金奖。

第 34 讲　少儿读物编辑的快乐是怎样得来的

大家都知道,少儿读物总是以让小读者感到快乐为主要目的。为此,人们有时候就会猜测,做少儿读物的编辑出版人应当是快乐的。想一想吧,少儿读物是如此的纯洁,如此的美丽,如此的亲切,如此的快乐,如此的与世无争,而做成如此纯洁、美丽、亲切、快乐的出版物的编辑,职业生涯该是多么快乐!

从少儿读物本身来看,那些猜测当然有道理,可是,真正做起书来,那就不好说了。做少儿书可不是一件简单的事情。编辑们做选题,有如"独上高楼,望尽天涯路";与作者合作,文稿编辑设计,可谓"众里寻他千百度,蓦然回首,那人却在,灯火阑珊处"。要做好让少儿读者感到快乐的优质图书,总是要付出许多艰苦劳动的。

下面我们通过两种少儿精品读物的编辑过程来讲一讲少儿读物编辑的快乐是怎样得来的。

希望出版社
"中国风·儿童文学名作绘本书系"

　　第一种读物是《中国风·节日绘本》（"中国风·儿童文学名作绘本书系"）。这是一套希望出版社 2015 年出版的少儿知识绘本读物，共有 10 册。一看这个选题，懂书的人就知道，眼下关于中国传统节日的各种书籍已经随处可见，不说是汗牛充栋，也可以说是层出不穷了。这样一套节日绘本，从选题的新意来看，已经先天不足，真要做下去必须有再创新。希望出版社的责任编辑接受任务后，约请到著名儿童文学作家保冬妮执笔撰文。编辑和作家经过深入讨论、仔细切磋，决定从深度和细节上写出新意，挖掘节俗文化传统，讲述有情有义的节日故事，绘制出唯美感人的画面，特别要在细微感人处传递中国人的民族文化精神和价值观。于是，她们很快就设计了 10 个分册的题目，如《年味儿》《元宵灯》《奶奶的青团》《端午粽米香》《满月》《菊花蜜》，等等。选题设计中巧妙地把中国节日习俗以及背后的文化内涵，通过儿童"看"世界的方式呈现出来。比如，《奶奶的青团》《端午粽米香》，不仅完整呈现了清明节、端午节的民间习俗，还通过对生活细节的描写，传递出中国人尊奉的亲近自然、弘扬生命力的传统理念和民族气节。又比如，元宵节要赏灯、吃汤圆，中元节要放河灯，中秋节讲究团圆，重阳节要尊老，夏至节要吃面，冬至节要吃饺子，中华母亲节要讲孝道等，这些内容都融在作品细腻委婉的故事里。如此一来，一套节日绘本也就有了少儿读物的味道。

　　做书这一行，细节即品质。这位责任编辑在审稿时发现书稿内容有些地方有简单之嫌，她不敢轻易放过，就去查阅资料并提出修改意见。譬如分册《菊花蜜》中写到一些花期的知识，对菊花的花期却写得过于笼统，她就专门去查阅资料，了解到雏菊、波斯菊、柳叶菊、瓜叶菊、万寿菊、非洲菊、金盏菊等品种的花期和盛花期，建议作者增添这部分内容。她还对每个分册的封底文字都提出润饰与修改的意见。这些意见实在都出自她的锦心绣口，让人心生喜欢。这里我们引出一段来和大家分享。分册《端午粽米香》原来的封底文字为："端午节在孩子眼中就是香甜的粽子，/但这个节日在中国人心灵上留下的应该还有傲气和豪气；/拥有一身风骨和尊严，/这样的民族才是威武不屈的，/它的精神才不会泯灭。"这段文字似乎不太适合少儿的阅读习惯和理解能力。于是她建议修改成："初夏端午，/挂艾叶，熏苍术，/包粽子，粽香萦绕，/赛龙舟，锣鼓喧天……/这一天我们纪念屈原，/永不忘记中国人的民族气节。"责任编辑确实在细节上足够用心。为此，她关于这部书的审稿报告在第三届全国优秀审读报告评选活动中评上了二等奖。读着她记录详细的审稿报告，我不由得心生感慨：少儿读物精品来之不易，少儿读物编辑的快乐更是来之不易啊！

安徽少年儿童出版社
"国际安徒生奖大奖书系"

如果说前面给大家介绍的案例还只是一个编辑做少儿读物的甘苦,那么,下面给大家介绍一家少儿出版社,看看他们为了做成一套世界级的儿童读物书系,是怎样克服重重困难而取得成功的。

这个案例就是安徽少年儿童出版社成功出版"国际安徒生奖大奖书系"。

安徒生奖,是国际上公认的儿童文学作家和插图画家的最高荣誉奖项,有"小诺贝尔奖"之称。随着国际上获奖作家越来越多,我国少儿读者阅读获奖作品的愿望越来越强烈。他们有理由要与世界儿童共读当代最优秀的作品。

要让中国少儿读者快乐地读到近60年来安徒生奖历届获奖(包括一些获得提名而未获奖)的优秀作品,同时还要让我国儿童文学创作界和研究界读到安徒生奖的相关理论研究成果和资料,比较全面深入地反映该奖的面貌。这项选题设计特别是实施,实在不是一件简单的事情。安徽少年儿童出版社义无反顾地策划并组织实施了这项重大出版工程。

为了确保高质量地出版好这套书系,安徽少年儿童出版社的社长、总编辑做了整体部署,并且热情邀请著名儿童文学理论家方卫平教授担任丛书主编,邀请国际儿童读物联盟(IBBY)主席和安徒生奖评委会主席等国内外专家担任丛书顾问。编辑与主编方卫平教授的合作更是日夜兼程。两年多的时间里,他们之间有过上百封、总计 6 万多字的电子邮件。他们讨论作品的遴选，版权的洽谈落实，译者的考评约请，还有编辑对译文的推敲琢磨，以及装帧设计。这些无一不需要投入足够的时间和充沛的精气神。其中最困难的莫过于联系那些散落在世界各地的出版社和作家版权代理人。为了书系出版合法合规，版权运作竟花了近两年的时间。当包括文学作品系列 18 册、图画书系列 25 册、理论和资料书系列 4 册的第一批出版物最终敲定时，编辑们看着入选书系的作家、插画家名单，一时间觉得好像看到了一长串缀满宝石的项链，心中生出无限感慨。

自然，作为一套外国文学作品的书系，译者的邀约与合作也绝非易事。编辑和主编在全国范围内邀约译者，受邀者多是欣然接受，但谢绝者也不少，总之是把编辑和主编的耐心作了一次又一次的磨炼。

安徽少年儿童出版社
"国际安徒生奖大奖书系"

同样不可忽视的，是全套书系的装帧设计。在项目团队充分讨论的基础上，装帧设计专家对书系整体装帧设计提出准确的审美定位，大到安徒生头像金质奖章LOGO（标识）的设计和书系封面方案的最终定夺，小到理论和资料书封面上安徒生剪纸作品的巧妙运用以及书系正文字体、字号、行距、书眉的细部调整，主持者都亲力亲为，几易其稿，不厌其烦地尝试着经典和时尚的完美融合。

如此这般，两年多时间就这样紧张而有条不紊地滑过。经过全面周密的工作，出版社从领导到编辑和各个岗位的工作人员进入到书系最后细节阶段的冲刺。他们认真比对原版书，体味译文的精美，查漏补缺，精心排版调整原版插图，合理安排图画书的正文及导读位置，反复比对确定印装材料的选用。经过所有环节参与者的倾情付出和努力，终于，"国际安徒生奖大奖书系"第一辑47册于2014年5月重磅推出，惊艳了全国少儿图书市场。两年后，书系第二辑22册又于2016年4月华彩上市。截至2017年12月底，该书系累计销量约250万册，销售码洋已达6000万元。该书系的出版被中国出版协会少儿读物工作委员会誉为"2014年中国少儿出版十件大事"之一。

需要特别提到的是，2018年5月，书系推出第三辑17册作品，收录了国际安徒生奖最新得主、中国作家曹文轩以及曾经获得过该奖提名的中国作家孙幼军、金波、张之路等人的经典名作，使得这套介绍国际文学大奖的书系拥有了中国文化的华彩乐章，成为对儿童文学世界版图的一次具有历史意义的丰富和完善。

"国际安徒生奖大奖书系"的成功出版，在中国童书出版史上留下了国际安徒生奖的深刻烙印。中国的少儿读者从此拥有了又一批具有相当时代性和美感的当代文学读物。这让我们不由得想起中国古人的名言："艰难困苦，玉汝于成。"正是通过艰辛的劳动和非凡的智慧，少儿读物编辑才获得了让人们艳羡的快乐。

第35讲 专业书编辑的学术含量

编辑专业书要有学术含量。初听上去，这像是一句大实话，这话本身就没有多少学术含量。可是，在我们出版业内，有没有这种缺少学术含量的情况呢？一部专业书，甚至是一套专业丛书的出版，编辑对选题基本上没有什么学术眼光和学术建议，对书稿也基本上没有什么学术帮助，更不要说那种点铁成金的特殊贡献，我看这种情况不仅有，而且时有所见。这样一来，在许多作者的眼里，我们的编辑差不多只是一些校对员，只对原稿负责，而基本上没有什么专业能力。久而久之，编辑这份职业会让人们瞧不起，编辑成了在学术作者后面"吃软饭"的角色。而更重要的是，这样的编辑一多，他们所在的出版社就很难吸引到专业精品书稿了。

我们说，出色的专业精品书，往往融汇了编辑的学术含量。商务印书馆的"汉译世界学术名著丛书"，其中每一个选题的提出和确定毫无疑问都是有学术含量的。人民文学出版社的"中国古典文学读本丛书"包含着编辑大量的编辑校订含量，以至于成为海外汉学教育最可靠的版本。中华书局为钱锺书先生的巨著《管锥编》做了大量编辑校订工作，以至于钱先生感谢责任编辑周振甫"小叩辄发大鸣，实归不负虚往，良朋嘉惠，并志简端"。

谈到编辑出版的学术含量，不少同行会想到湖南岳麓书社出版的"走向世界丛书"。

1980年冬天，全国许多城市的新华书店出现了一套丛书——"走向世界丛书"。所谓丛书，其实当时只出了一本《环游地球新录》，作者李圭，清朝人。薄薄的一本书，在新华书店甫一亮相就吸引了读者的关注。这本书记录了100多年前作者访问美国参加费城万国博览会的经历，以及后来环游地球参观各国的见闻。按说，此类书的内容并不足为奇，奇则奇在是百年前清朝官员的海外见闻，尤其奇在丛书名"走向世界丛书"。虽然丛书只出了一本，却引起了广泛的关注。《人民日报》《文汇报》等报刊相继刊发书评。《人民日报》的文章在称其为"一套学近代史的好丛书"的同时，还着重提到编辑很在行，指出："已刊各种，都讲究版本，认真校勘。对旧本的错字，尽量作了校改……列

岳麓书社
"走向世界丛书（修订本）"

有校改记。书中许多译名，今人已不易通晓，则附加注释，以利读者。"

"走向世界丛书"的学术含量得到许多专业读者的点赞。

首先，这个选题很有学术眼光，很有学术深度。这套丛书的主编钟叔河，就是岳麓书社的编辑，而且是一位年近半百的新编辑。钟叔河先生早年间先是被错划为"右派"，后来又因言论获罪被关押了近10年，1979年，得到平反后的他凭借一篇优秀作文考进了出版社。当时我们国家已经开始了改革开放的进程，新编辑钟叔河提出编一套"走向世界丛书"，让清朝末年最早走出去的容闳、郭嵩焘与黄遵宪这些先驱来讲述一个多世纪前的"变革图强"与"西学东渐"，实现温故而知新的认识价值。钟叔河的选题在出版社引起了震动。有些编辑以为这只是一个新编辑的空想，不曾想，钟叔河早在牢狱中就有了这个想法，可谓深思熟虑。他很快就把以前读过的以及从北京、上海等地图书馆搜集的300多种刻本、抄本和印本进行了整理，并选辑了最具代表性的100种，做成了"走向世界丛书"100种分册的索引卡。全套丛书的选题设计可以说是反复比较考量、反复阅读选择的结果。这个过程本身就包含了相当大的学术含量。

钟叔河曾经跟青年编辑谈道，"走向世界丛书"是"一项学术编辑工程"。在实际编辑工作中，他正是把编辑出版这套丛书当作一项学术研究和传播工作来对待的。除了精选入选丛书的专著，还要讲究版本，认真校勘，对旧本的错字尽量作校改。譬如出版容闳的《西学东渐记》，在钟叔河的严格要求下，编辑又用容闳的英文原著校正出徐凤石、恽铁樵二位翻译者的多处误译。这是要下很大功夫才行的。出版康有为的《欧洲十一国游记》，原底本虽然经过梁启超等人5次校阅，但是钟叔河还是要求编辑再下校读功夫，又细心校出了40余处错脱倒字，并在书中列出校改记，以示负责。丛书所收选的古籍，有许多译名今天的读者已经很难通晓，因此编辑一律附加注释，用当今通晓的译名做出解释。

编辑出版古籍和国外引进专著，在书前撰写专业性的前言叙论，介绍书籍产生的历史背景，指出书籍内容的价值所在，往往最见编辑的学术功夫。在"走向世界丛书"每种书的卷首，钟叔河都会撰写一篇叙论，对作者当时"走向世界"的历史背景以及个人的研读体会进行详尽阐述，几乎每篇叙论都是质量上乘的学术论文。最初叙论署的是"假名"，因为出版社有规矩，不允许编辑借自家的图书"搭售"文章。后来钟叔河在外面的权威刊物上发表了关于郭嵩焘的研究，公开证明了自己的学术能力，而这时候丛书的影响力和主编钟叔河的影响力越来越大，出版社才觉得钟叔河这个名字本身就是一种品牌，这才决定换回钟叔河的真名。

其实，钟叔河撰写叙论，实在是为出版社、为丛书自觉做出的奉献。如果他把自己对于收选的经典研读的心得写成文章拿到外面名刊发表，他的学术声名肯定能得到更大的提升。据说，我国著名新闻家、时任新华社副社长的李普曾经给素未谋面的钟叔河写过一封信，说是读了这套丛书每一部书前的叙论，觉得很受益，认为篇篇都是难得的好文章，说"读'总序'及叙论诸文后，感佩之情不能自已"。为此，他建议钟叔河把这些叙论汇编成书，交由新华出版社出版。与李普一样，著名翻译家杨宪益先生也来信建议钟叔河把叙论集成一册，"翻译出来，我看是会受人欢迎的"。

从这些来自各方面的赞扬和建议中，足可看出"走向世界丛书"编辑出版工作的学术含量值得赞佩。

我们还可以从学术大师钱锺书那里找到他对"走向世界丛书"学术含量的认可。钱锺书通过别人的转送读到了这套丛书其中的几本，产生了浓厚兴趣，于是又托人转信给钟叔河，对这位主编的工作予以赞扬，从此两人建立了通信关系。1984年冬天，钟叔河终于到北京与钱锺书见了面。钱锺书对钟叔河的书稿提了一些修改意见，还提出为钟叔河的叙论合辑《走向世界：中国人考察西方的历史》作序。后来钱锺书的夫人杨绛告诉钟叔河："他（钱锺书）生平主动愿为作序者，唯先生一人耳。"仅此一点，

中华书局
《走向世界：中国人考察西方的历史》

足以看出这套学术丛书编辑的学术含量受到专家们多么特别的重视。

钟叔河之于"走向世界丛书"的选题设计和叙论写作，是一位编辑大家执掌一套丛书所体现出来的学术含量。周振甫之于钱锺书著作的编辑过程，是一位编辑大家与一位学术大家的对话。这些案例在我们出版业内，自然不是很普遍的现象。那么，是不是就此可以消解普通编辑在做专业书时的学术含量呢？当然不是。事实上，很多时候，编辑专业书时的学术含量还在于专业出版过程中的各种与提高学术含量相关的努力。黄山书社《明别集丛刊》的编辑过程就可以多方面展现出普通编辑的学术含量。

黄山书社的《明别集丛刊》，是我国第一部明代作家传世作品总集，共收入1900人的2000多篇诗文，分成5辑，每辑100册，共500册。第一辑已于2013年出版，第二辑至第五辑于2016年出版，填补了学术界此前尚无明代断代诗文总集整理出版的空白，其文学价值和史料价值自不待言。这个项目是2009年6月正式启动的。作为社里的重大出版工程项目，黄山书社为其组建了10个人的项目实施小组。

在确定选目阶段，当丛书主编、北京大学图书馆古籍部原主

黄山书社
《明别集丛刊》

任沈乃文先生和各分册负责人拿出选目初稿后，出版社项目组即借助学术外力，请到傅璇琮、李致忠、葛剑雄等10余位权威专家前来审稿，对选目初稿进行论证，几经讨论才确定选目。在这个环节，出版的学术含量虽然借助了外力，却也完全符合专业出版的规律。欧美发达国家的专业出版，通常会外请多位匿名评审专家评审书稿。

黄山书社在征集底本的过程中更是体现出高度的责任心和学术精神。项目组分别与北京大学图书馆和复旦大学图书馆签订底本使用协议。在拿到项目的主要底本后，项目组又与国家图书馆、首都图书馆、清华大学图书馆、中科院文献室、天津图书馆等馆、室进行联系，就有关北大底本的残缺与不足，进行配补，尽量将底本征集全，并争取使所征集的底本尽量完整。这项工作足足用了两年时间才得以完成。

在组织进行古籍扫描和核对的工作中，项目组编辑多次与北大图书馆及扫描公司沟通协调，终于完成初次扫描。其后，项目组编辑对60多万页的古籍扫描件逐一核查，要核对扫描版本是否正确，是否与选目中所选用的版本一致，若有误，还需要重新扫描。同时，编辑还要检查扫描件是否有缺漏页，如有缺漏页，则核查是底本本身有缺页，还是底本有此页但在扫描过程中漏扫了。另外，编辑还要注意底本扫描件是否清晰、是否有变形等情况。对需要重新扫描的，编辑要及时反馈给北大图书馆和扫描公司，提请对方重新扫描。在这个过程中，为取得北大图书馆的理解和支持，项目负责人做了非常多的沟通、协调工作。请注意，这些工作看上去没有多少学术含量，可是，这正是保证专业出版的学术质量的不可或缺的工作。

此外，项目组在编辑校对方面还有大量工作要做，其中光是排序一项，就让编辑大费周章。全书按照作者的生卒年排列，编辑需要判定每部书的编排次序是否合理，如果编排不合理，就需要再进行调整。底本有误也时常被发现，因为古本书籍未必就没有倒页、错页之类的错误，一经发现，编辑还得做出研究和处理。最终黄山书社的《明别集丛刊》凭借良好的学术质量、选题的唯一性，以及发行部门的扎实工作，获得了市场的认可，成为社会效益、经济效益俱佳的大型出版项目。

第36讲　一套学术丛书编辑的学术情怀

我们知道，要把一件有益于世道人心的事情做好，必须拥有做好这件事情的情怀。做公益要有公益情怀，做科研要有科学情怀，做编辑工作也一样，做文学书要有文学情怀，做艺术书要有艺术情怀，做儿童书要有童心，做诗歌书要有诗心，做学术书要有学术情怀。1999年，我在人民文学出版社（以下简称"人文社"）做社长，那时候正是社里经济效益不太好的时候，编辑们都盼着社里能多多发放奖金。我们就制订了鼓励经济上创效益的奖励办法。一开始，有人担心这样一来个个都去做畅销书，那种文学性比较强、学术价值比较高的书没人去做了。结果，这个现象倒没有那么明显，有的编辑照样做诗歌散文书，有的编辑照样去开发学术类书籍。有一位诗歌编辑叫王清平，坚持编辑诗歌书。他做的一套《蓝星诗库》在诗歌界评价很高，可是在市场上表现平平，这样会影响到他的年终奖金，可他坚持走自己的路。十几年坚持下来，《蓝星诗库》已经小有规模，而且经济效益也日渐增长。还有一位文化编辑室的编辑王培元，曾经对我这个新社长也哭过穷。可是，他痴迷于文化学术一类的书籍，已经设计了"猫头鹰学术文丛"和"猫头鹰学术译丛"两个选题。我跟他说，这些书的文化价值当然毋庸置疑，可是年终恐怕拿不到多少奖金。他很严肃地说，如果只为奖金，这个编辑不做也罢。为此，我很感动。我认为这就是学术情怀。这两套书在社科学术界颇受关注，为人文社增强了影响力。后来，我决定社里拿出一些钱来专门奖励文化价值比较高而经济效益不太好的书籍的编辑，这是后话。

做学术书的编辑如果没有学术情怀，是很难做好，更很难坚持下去的。

这一讲还是要讲一讲"走向世界丛书"的名编辑钟叔河先生。

上一讲给大家介绍过，20世纪80年代，"走向世界丛书"风靡一时，国内的报纸杂志纷纷对其进行报道和评论，甚至引起了海外出版界的关注。据说，英国的海涅曼公司在当时有意推出英文版，日本的《出版新闻》则将其归入有分量的大部书之列。这套丛书原计划共出版100种，但到1989年只出版了35种，许多读者还在翘首以盼，实际上已经戛然而止。"走向世界丛书"就像被遗忘了一样，迟迟不见任何进展。

什么原因呢？其实原因很简单。

首先是1988年，钟叔河在岳麓书社内部组织的一次评议中落选，不再担任总编辑。按照上级的管理规定，他只得换岗，转到湖南省新闻出版局做研究工作。其实这只是其中一个原因，还有另一个原因，那就是出版环境发生改变，图书市场化程度明显提高，学术类书籍销售困难。进入20世纪90年代，岳麓书社的经济效益又出现滑坡，没有多余的资金来支持这种相对小众的图书。

而那个时候还没有建立国家出版基金，像"走向世界丛书"这一类规模大、销售较差的丛书一时也找不到专项资金的支持，故而难以为继。

据我所知，那个时期，曾经有过一些很有影响力的丛书，就是因为经济上后继乏力，渐次中断，让读者们怀念至今。

当然，关于停止出版"走向世界丛书"，还有一个具体原因也要注意，那就是不论社会需求如何，单是100种图书的庞大规模就会对出版经营理念提出考验。当时出版行政管理部门出台了一个新规定，每个编辑一年只有4个书号，那么，这套丛书如果一年只出几本，就无法保证史料的完整性与思想的连续性，丛书也就不像丛书的样子了。以至于钟叔河提出把自己3年的书号集中起来，这样就可以一次出12本。老人家只不过是异想天开、以歌当哭而已。

211　第 36 讲
一套学术丛书
编辑的学术情怀

一出生就被鲜花和掌声包围的"走向世界丛书",激扬的命运突然归于沉寂,外界都想知道为什么。

虽然有那么多的原因,但钟叔河始终没有放弃。他只记得这套丛书还没有完成,原计划 100 种,现在只出了 35 种,他还要做下去。这就是编辑的学术情怀。

在出版界,惦念"走向世界丛书"的不只是钟叔河和他的同事们。江苏凤凰出版集团旗下的凤凰出版社在出版古籍方面颇具实力,他们带着合同到钟叔河家登门拜访,请钟叔河继续主编"走向世界丛书",然后交由他们出版。当然,终究没能如愿。

同行的造访反而成了这套丛书重新发动的推动力。这时候,行业里希望"走向世界丛书"完璧面世的呼声日渐高涨。2009 年《中华读书报》专访钟叔河,眼见得丛书重新启动的舆论基本形成,钟叔河解释没有继续编辑的原因是找不到一个合适的助手。他干脆发了"英雄帖":"我很苦恼,希望通过报纸的宣传和推动,可以快点找到这个人。"他很动情地说,"我得找一个有能力、值得信任的年轻人,此人即使不是出版社的人员也没关系,关键是要能够跟我工作三到五年,一起来把这套书的编撰完成,

岳麓书社
"走向世界丛书
(续编)"

我愿意提供给他全部的资料。但这个人非常难找，我找了多年，都找不到。现在没有年轻人愿花这么多的时间和精力，来做编书这种苦差事了。"

与其说钟叔河是在哀叹人心之不古，毋宁说他是在搞激将法。岳麓书社有两位资深编辑其实也是很有学术情怀的，他们就是后来做总编辑的曾德明和文学编辑部主任杨云辉。两人都是1985年进社的，无论对钟叔河还是对这套丛书，他们都有非常深厚的感情。经过争取，他们取得了钟叔河的信任。经过各方面的努力，"走向世界丛书（续编）"被列入"十二五"国家重点出版规划项目，又成为国家出版基金资助项目。

总编辑曾德明依照约定，给钟叔河配了一个"有能力又值得信任"的编辑团队，那就是杨云辉带领的一个编辑组合。50多岁的杨云辉这几年把所有的精力都用在了丛书的续编上，基本上没再做过别的书。他的办公室被一叠叠书稿、一摞摞印刷样本占去了半壁江山。

一开始，钟叔河只肯挂个主编的名，在曾德明与杨云辉的说服下，老人家似乎又找回了当年在岳麓书社的斗志与热情，从编辑体例到封面设计，事无巨细，一一过问，同时还承担了标点、分段、注释等具体工作。一个充满学术情怀的编辑，看到自己所钟爱的项目重新启动了，怎么可能袖手旁观！

经过漫长的等待,"走向世界丛书"余下的65种于2016年12月底全面推出。近代中国人的探索与思考对今天的国人仍是一种启示,而这套丛书的续编将同样对今天的编辑出版人具有启示意义。其中最重要的一点是,做学术书,编辑的学术情怀不可或缺。

第37讲 编辑也要有学术创新的勇气

"噫吁嚱,危乎高哉!蜀道之难,难于上青天。"唐代大诗人李白的诗歌名篇《蜀道难》在中华大地上传诵了1000多年。1000多年来,很多中国人也许并没有走过蜀道,但很可能对"蜀道难"这个说法并不陌生。作为巨型线性文化遗产,蜀道遗存着无价的文化瑰宝。现代出版业,出版有关蜀道内容的书籍也不在少数,然而,做一部全面反映蜀道交通线路、历史沿革、人文地理、文化遗存、建筑艺术、诗词歌赋、散文游记以及科学认知的大书的想法,却一直未见有人提出——通常情况下,出版业总是要等到有关专业机构启动一项重大研究工程之后,才会积极跟进,提出选题。而中国蜀道的全面研究一直没有专业机构启动,出版业关于蜀道内容的大书岂敢抢先立项!

可是,2011年,陕西新华出版传媒集团总编辑张炜对集团所属三秦出版社提出了策划《中国蜀道》这个选题的要求,一时语惊四座。张炜总编辑可不是一时兴起、异想天开。作为一位具有相当学术底蕴的资深出版人,他有着敏锐的选题创意嗅觉。2011年,我国的蜀道"申遗"工作在四川广元启动,由此可以看出,蜀道研究势必将越来越受到政府、学界和社会群体的关注。作为具有相当实力而又与蜀道紧密相关的一家出版集团,此时不启动更待何时!

陕西新华出版传媒集团及其所属三秦出版社此时启动中国蜀道研究,意味着我国历史文化研究开拓了一个创新领域,标志着编辑出版人引领了一次学术研究的方向。这在出版业内也是一次大胆突破。当然,编辑出版人可以大胆设想,但还要严谨运作。三秦出版社首先约请主编。主编必须是历史研究领域的一流专家。经过各方面交换意见,出版社邀请到中国社会科学院考古研究所研究员刘庆柱和中国人民大学国学院教授王子今二位专家担纲主编。然后,出版社编辑积极沟通协调,在全国各地奔走,到各高校、研究院所约请专家教授,组建起一个庞大的跨学科、跨地域、跨单位的研究写作团队。说实话,在这个选题上,出版社是冒了一定风险的,因为一开始这个研究写作团队的所有费用开销可都是出版社开支,倘若不能坚持下去,不能成功申请到国家专项资金,后果相当严重。好在经过申请报告,不久,陕西省人民政府拨付了30万元作为项目启动经费。经过一段时间的设计规划,这个项目入选"十二五"国家重点出版规划，然后又获得了国家出版基金的资助。三秦出版社历时6年，组织专家经过实地勘察、古籍搜集、文献整理，于2016年正式出版了大型学术文化精品著作——10卷本《中国蜀道》。

《中国蜀道》的出版在填补我国学术研究和出版空白方面做出了突出贡献。最难能可贵的是，《中国蜀道》在学术上还有三大创新点：

第一个创新点，即这套书除了已有文献书籍外，还搜集了大量一手资料。过去的蜀道由7条道路组成，现在大部分已经废弃，真正延续至今的有子午道、褒斜道、故道、剑阁道，而其他道路都掩埋于荒山榛莽之中。因此，要全面了解蜀道必须进行实地考察。三秦出版社组建的研究写作团队联合四川省考古研究所、陕西省文化遗产研究院进行了数次实地考察。古代蜀道建设本身就是一件非常艰难的事情，如今去实地考察亦困难重重。从2011年至2014年，研究写作团队历时近4年时间才完成了这一段段艰难的探险考古历程。他们重走古道，感受人文精神，实地走访，实时拍摄，搜集了大量珍贵的资料，并将大部分照片都用到了书里，从而形成这套四色彩印的图文并茂的大书。

第二个创新点，即这套书确立了蜀道研究的规范体例。研究写作团队确立了大型学术地理研究的基本模块，如将蜀道主体沿线和其他支线的文化遗产，按照交通线路、历史沿革、人文地理、文化遗存、建筑艺术、诗词歌赋、散文游记、科学认知进行分类。他们新建立的这种学术研究模块，基本树立了蜀道研究的范例，从而被学术界称为建立了"蜀道学"。

第三个创新点，即这套书在跨学科研究上有所突破。比如，研究写作团队将考古学、文献学、地理学、历史学、建筑学、艺术学、文学等众多学科交叉协同，结合实地考古调研。这种多学科交叉和实地勘察的结合是本项目最精彩的部分，也是在研究线性文化遗产上形成的特色。

尽管这套书在学术研究上集聚各方面力量，实现了学术创新，可是，出版社最后要呈现给读者、奉献给社会的还必须是一部从内容质量到编校质量、印装质量都达到较高水平的精品书。这可是出版社的本职工作。古籍的核对校改难度非常高，编辑校对的工作强度很大。以《艺文撷英》为例，这一卷中收录了有关蜀道的诗词歌赋、笔记、游记、日记等系列文献，是所有蜀道诗文的集中体现。在加工稿件时，诗文版本问题给编辑造成很大的困扰。有些诗文有据可查，需要仔细核对版本，甄别与编选者版本的出入，但编选者版本有很多是孤本，编辑手中通常只有常见本，因而编辑和编选者因版本差异会出现一些矛盾。这就需要协调沟通，既要按照编辑标准修改，又要择善而从。这一卷共有900页，编校过程细致而繁复，前后用了一年时间进行沟通和核查，逐字检查，逐句修改。其他各卷也莫不如此精编细校，从而确保了这套精品书的编校质量。2017年，《中国蜀道》在第四届中国出版政府奖评选中获得了优秀图书奖。

蜀道本身极具魅力。蜀道是中国古代的交通大动脉，是中央王朝向各地传达政令的重要通道。蜀道首先是一个政治通道，其次是一个经贸通道，体现了我国道路建设的文化特质。蜀道同时是我国技术文明、制度文明、文化流、信息流及相关设施建设的重要符号。蜀道研究对我国古代政治、经济、文化、军事研究具有重要意义。蜀道以险峻闻名于世，蜀道的建成是一个奇迹，它凝聚着中华民族开拓进取、不屈不挠、创新智慧的精神品质。而当今的编辑出版人组织编撰《中国蜀道》，开创"蜀道学"，做成精品书，不也正体现了蜀道所展现的中华民族开拓进取、不屈不挠、创新智慧的精神品质吗？

三秦出版社
《中国蜀道》

第 38 讲　《中国机器人》是怎样制造出来的

2017年4月23日晚，在中央电视台一套播出的"2016年度中国好书"颁奖盛典上，出现了一个令很多观众没有想到的场景：当主持人宣布《中国机器人》一书因为通过大量人物回忆和访谈纪实，记述了以"中国机器人之父"蒋新松等为代表的科学家研制中国机器人的感人至深经历，呈现了中国机器人为民族工业赢得尊严的骄人成就而获奖时，作为入围图书单位代表上台表达感想的竟然是穿着蓝白相间"服饰"的机器人"悦悦"。"悦悦"带着东北腔说道："我终于获奖了！我太开心了！"全场笑声四起，掌声热烈。

辽宁人民出版社出版的《中国机器人》不仅被评为2016年度"中国好书"，更获得了中宣部第十四届"五个一工程"优秀图书奖。

《中国机器人》是第一部关于中国机器人的"史记"。它记

辽宁人民出版社
《中国机器人》

录了中国机器人行业发展的历史进程以及最新的研究成果，展示了以蒋新松、王天然、曲道奎为代表的几代中国科学家，前赴后继致力于机器人研发的创新精神、拼搏精神与献身精神。作者在创作过程中，走访了大量相关领域的专家学者，深入企业，与一线科技工作者进行实地交流、跟踪采访，掌握了大量一手素材，因而将一位位科学家的形象刻画得独具特色、个性十足，书写了科学家追赶世界先进科学技术的风貌。它既是一部中国机器人的成长史，也是一部中国高科技发展史、一部科学精神的沉淀史。它不仅契合国家实施创新驱动发展战略的大背景，更弘扬了中国科学家无畏创新的时代精神。

我们知道，中国机器人是我国科学家们用智慧、心血和汗水研制出来的。那么，长篇报告文学《中国机器人》又是怎样制造出来的呢？

制造长篇报告文学《中国机器人》，还得从辽宁出版集团近几年大力推动精品出版说起。

近几年，我不止一次看到辽宁出版集团打出"原创+创新"的理念。做出版的明白，说创新往往内涵宽泛，新瓶装旧酒或者旧瓶装新酒是创新，挖掘资源或者重新组合也是创新，可是说到原创，那说的就是实打实的要抓原创选题，抓原创书稿，做好原创书籍的出版。这事来不得半点虚假，这事也来不得一丝偷懒——

只要稍微偷懒，原创书稿就有可能被同行捷足先登。近年来我们就看到辽宁出版集团旗下的出版社不仅推出了一批紧扣时代、服务大局的原创书籍，如《"四个全面"纵横谈》、"中国改革开放与发展实践丛书"、《人民战争必胜：抗日战争中的晋察冀》及《我们的军旗》等，还推出了一批通过原创树立品牌的原创书籍，如"沈阳故宫博物院院藏精品大系"、《中国古典小说和日本怪异小说的比较研究》《生态中国／海绵城市设计》《民宿在中国》《佛教艺术经典》等。其中，《民宿在中国》英文版成为当年度最受海外客户欢迎的反映中国建筑设计题材的图书，《佛教艺术经典》是第一部立足于亚洲各国佛教艺术的学术专著。他们还推出了"向世界讲述中国故事·首届小麒麟奖"原创图画书、"中国当代少数民族儿童文学原创书系"、《中华谣：社会主义核心价值观四字经》和《丝绸之路全史》等一批内涵丰厚的原创书籍。在如此热烈的原创出版氛围中，《中国机器人》的出现就顺理成章了。

制造长篇报告文学《中国机器人》，还得从辽宁人民出版社领导班子的选题策划说起。

辽宁人民出版社领导班子决心在主题出版上做出应有业绩，一直在精心设计这方面的选题。可是，眼下主题出版的资源竞争越来越激烈，与国家重大事件相关的出版资源往往被中央出版单位近水楼台早早占有。他们及时调整思路，采取地域化战略，通过宏观视野、全局眼光，就地发掘、就地取材，打造独一无二的选题，于是就有了对我国最早研制成功机器人的沈阳新松机器人股份有限公司事迹的重新认识。可以说，在"工业4.0"时代，以沈阳新松机器人股份有限公司为代表的中国制造业已经在世界上走在前列。这是一个意义重大的中国故事，应当由同样地处沈阳的辽宁人民出版社来讲这个中国故事。于是，辽宁人民出版社决定把这个选题列为重点选题，而且立刻得到了出版集团领导的高度重视。这才有了副总编辑带领编辑室主任一起抓书稿的组织落实，才有了这部长篇报告文学写作的启动。

制造长篇报告文学《中国机器人》，还得从辽宁人民出版社约请作家担纲写作说起。

出版社一开始就想到邀约我国著名报告文学作家何建明承担这项写作任务，真可谓取法乎上，遗憾的是何建明已经接受了另一家出版社的写作邀约。有感于出版社编辑的一番热情相邀，何建明应出版社的请求，推荐了近年来比较活跃的优秀报告文学作家王鸿鹏和马娜来承担这项创作任务。两位作家都是主旋律报告文学写作的高手，山东作家王鸿鹏的代表作有《共和国的天空》《压不弯的脊梁》等，军旅作家马娜的代表作有《滴血的乳汁》《天路上的吐尔库》等，他们的写作路数显然相当适合《中国机器人》这个题材。两位作家听了出版社领导的介绍，觉得这是一个激动人心的选题，这个题材是一个意义重大、内容丰富的富矿，于是双方一拍即合，当即签下协议。从2015年年初起，作家们开始了长达近两年的采访创作工作。

一部30多万字的长篇报告文学，在采访和创作过程中需要作家下多少功夫、吃多少苦是可想而知的，不过，我们这里不是在讲写作课，所以就此忽略过去。我们要讲的是编辑出版人是如何做出精品书的。那么，我要告诉大家，辽宁人民出版社负责这个项目的副总编辑张洪和编辑室主任艾明秋，他们可没有在家坐等作家书稿，而是全程陪同作家深入采访。他们与新松公司员工一起吃盒饭、住宿舍，交知心朋友，获取了大量鲜活感人的第一手素材。同时，他们虚心向科技人员请教，学习研究了《中国制造2025》和"工业4.0"，阅读了国内外相关的大量出版物，很快掌握了我国高科技产业发展战略和政策以及机器人的基本知识。他们全程陪伴作家，奔波于北京、上海、广州、济南、杭州、重庆等地，追踪采访老一辈科学家、见证人，进行了大量考证和实地采访。在为作家做好服务的同时，他们也扎实掌握了第一手材料，为后续的编辑工作打下了坚实的基础。

自然，出版社接到书稿后还有许多深入细致的工作要做。编辑进度要十分抓紧，一次次送审决不滞后，校对质量把关不敢放松,一次次校改不厌其烦,装帧设计努力追求科技与文学完美结合的效果,这些都是可以想象的。可是,我们还是要说,正是因为辽宁出版集团的战略思路、辽宁人民出版社的选题策划和领衔编辑的创造性工作,才制造出了《中国机器人》这样一部原创长篇报告文学,并且获得了国家大奖。

第 39 讲　做让作者敬佩的好编辑

扫一扫·听音频

　　大家都知道，要做好精品书，离不开好作者和好编辑。可是，在出版行业里，有一个思维定式，那就是做精品书"全靠好作者"，得好作者得精品书，得好作者得天下。这一思维定式，渐渐就演化成一种毛病，那就是"作者依赖症"。有的编辑朋友几乎将百分之九十九的热情、时间、精力用到做作者工作上，以为只要把一个大学者、大作家拿下，精品书、获奖书、双效书均不在话下。说是"作者依赖症"其实也不尽然，因为人家就此屡屡得手，何症之有！不过，现实情况是，也有一些名家作者的好书稿，书做成了，却在编校质量检查中轰然倒下，令人唏嘘不已。

　　因此，作者无论成就大小，一旦有书稿交付出版，总会对编校工作反复惦念，生怕落入糊涂的编辑、校对之手。有的编辑和作者的合作第一次也就成了唯一一次，原因各种各样，而书做得不好，特别是编校质量太差，伤了作者的心，也是其中一个重要原因。

做编辑，千万不要以为只要图书出版了，作者就会感谢我们。你把人家呕心沥血写出来的作品搞得错漏百出、无颜见人，人家凭什么感谢你！

为此，作为一种职业操守，编辑最起码要对得起作者的书稿，只要能对原稿负责，作者就会感谢你。不过，做好编辑工作，还有一个更高层次的要求，那就是，如果能给作者的书稿提供帮助，使其作品得以完善和提高，那么，作者对编辑就不仅会感谢，还会敬佩了。

这就是我这一讲要谈谈"做让作者敬佩的好编辑"的原因。

在出版史上，我们经常看到一种说法，即"没有编辑家某某某就没有著名作家某某某"。20世纪美国著名文学编辑麦克斯威尔·珀金斯就得到过这样的赞誉。在珀金斯合作过的几十位作者中，有中国读者熟知的司各特·菲茨杰拉德、欧内斯特·海明威和托马斯·沃尔夫等。珀金斯把作家的作品看作自己的作品，努力帮助作家完善和提高作品的质量。他一再动员和说服作家菲茨杰拉德对《了不起的盖茨比》书稿做出某些修改，惹得菲茨杰拉德与他大声争吵，但菲茨杰拉德最后还是接受了他的建议。为了保护海明威作品风格的完整性，珀金斯不惜与出版公司老板斗智斗勇。珀金斯与作家托马斯·沃尔夫，亦师亦友，一个是伯乐，一个是千里马。珀金斯提出要对沃尔夫的长篇小说《时间与河流》40万字的手稿进行大刀阔斧的删减。沃尔夫声嘶力竭地质疑，末了却不得不折服于编辑独到的文学眼光和精准的判断力。二人花了两年多时间，将这部手稿删减完毕出版，产生了巨大轰动。珀金斯对作家的帮助是高质量的，以至于国际文学界、出版界流传着"没有珀金斯就没有某某某"的说法。

我国出版界也流传着一些编辑帮助作者提高作品质量的案例，譬如冯雪峰对杜鹏程《保卫延安》的帮助，龙世辉对曲波《林海雪原》的帮助，韦君宜对王蒙《青春万岁》的帮助，何启治对陈忠实《白鹿原》的帮助，张守仁对李存葆《高山下的花环》的帮助，等等。这些案例，无一例外地使得这些编辑为作者所敬佩。

中华书局的一位编辑与大学者李泽厚的合作，也是一个颇具典型意义的案例。申作宏在中华书局做编辑时，经过努力，获得了李泽厚7卷本《李泽厚对话集》的书稿。坊间传闻，李泽厚对自己的书稿要求编辑一字也不许改动，否则就不出版。于是申作宏主动发邮件向李泽厚表示，编辑时凡有修改一定会送他审定，待通过协商达成一致后再定。李泽厚很快回复邮件："好的，这是重要的一条原则：如编选过程中有文字上的任何改动（包括字句），均务请先征得我的同意。"其实，后来在实际的书稿编辑加工过程中，李泽厚却完全同意了编辑的选择和删改。他在邮件

中华书局
《李泽厚对话集》

中特地说道:"如来信所讲的删改,其他未动,同意。最前面有段类似摘要(第四段),与后面完全重复,也删。""此书编辑确有难度,不必过急,也不必客气。我的意见不一定对,尽可商讨。"尤其是当编辑把用红笔加工的书稿送给他审定时,他看到编辑对他文中的引文出处进行了认真核对,消除了凭记忆所言与原文相比所存在的文字脱、衍、漏、错等问题,不由得感叹:"中华书局真是做文献的专业出版社,编辑确实有深厚的文献修养。"为此,李泽厚又将自己在其他出版社版权到期的专著《论语今读》和《哲学纲要》转而授权中华书局出版。

在我国出版史上,让作者敬佩编辑的案例中,最有名的可能就是大编辑家周振甫与大学者钱锺书的合作。

周振甫先后为钱锺书做过两部书的编辑,都得到了钱锺书充满敬佩之情的赞誉。1948 年,周振甫担任钱锺书《谈艺录》的编辑。这部书出版后,钱锺书亲笔赠言:"校书者如观世音之具千手千眼不可。此作蒙振甫兄雠勘,得免于大舛错,得赐多矣。"1977 年,周振甫担任钱锺书《管锥编》的编辑。这部 4 卷本的皇皇大著出版时,钱锺书在书的序言中感谢道:"命笔之时,数请益于周君振甫,小叩辄发大鸣,实归不负虚往,良朋嘉惠,并志简端。"

钱锺书还真是对周振甫充满敬佩之情。当年钱锺书交给开明书店出版的《谈艺录》书稿,其实就是一大布袋读书卡片。周振甫接手后,除了为这些卡片做编辑订正,还为全书编写了目录,经钱锺书同意后列入书中。为此,钱锺书在首版的序后附言中特地做了以上致谢。后来,钱锺书将《管锥编》交中华书局出版,并提出请周振甫担任责任编辑。当时周振甫还是中国青年出版社的编辑,为此,上级把他调到中华书局。周振甫通读了钱锺书《管锥编》百万多字的书稿,很快提交了审读报告,并附有38页的修改意见。周振甫的修改意见送到钱锺书那里,大学问家钱先生竟然从善如流,基本上是全盘照收,这才有了《管锥编》序言中"小叩辄发大鸣,实归不负虚往,良朋嘉惠"这样感恩编辑的名句。

周振甫堪称我国当代编辑的楷模。他不仅自己从事文史研究和写作,出版有600万字的著作,还潜心从事编辑工作,编辑出版了许多精品书,受到许多高层次作者、读者的敬佩和感谢。为此,1983年2月4日,中国出版工作者协会和中华书局联合举办"周振甫从事编辑工作50年"座谈会,表彰他为编辑工作所做的贡献。

中华书局
《管锥编》

第40讲　潜心专业成为著名编辑和作家

唐浩明是当代赫赫有名的历史小说名家。他最初以长篇小说《曾国藩》闻名，而后以长篇小说《杨度》和《张之洞》达到创作高峰，其中《张之洞》获得中宣部"五个一工程"优秀图书奖、姚雪垠长篇历史小说奖。由这三部长篇小说汇编而成的9卷本《唐浩明文集》在人民文学出版社出版，人称"晚清三部曲"，成了许多文学爱好者和文史读物读者书架上的必备经典作品。后来，唐浩明又转向文史资料研究，《唐浩明评点曾国藩家书》等专著一时成为图书市场的热销品种。

可是，唐浩明还是一位编辑名家。这是一些读者所不太了解的。他是"文革"前的最后一届大学生，学的是水利工程专业，毕业后在水利部门工作。但他喜欢文学、历史等人文学科，所以"文革"结束、恢复研究生考试制度后，1979年他考入了华中师范学院中文系古典文学专业，3年后毕业，分配到湖南省岳麓书社做编辑。他说自己从小喜欢读书,现在天天与书稿打交道,又可以遇上不少有学问的作者,心里十分高兴。

当时岳麓书社计划编辑出版湖南籍历史名人王船山、魏源、曾国藩、左宗棠等人的全集,可是因为这种工作做起来太枯燥乏味,要耗费很多时日,所以许多编辑并不愿意参加。刚入职不久的唐浩明却主动请缨,担任了其中最重要的一项,即新版《曾国藩全集》的责任编辑工作。

岳麓书社
《唐浩明评点曾国藩家书》

清光绪年间曾经出版过《曾文正公全集》,可是,岳麓书社新编《曾国藩全集》并不容易,有一番传奇经历。新中国成立后,曾国藩的大量文件留在了曾家的老宅里。后来,湖南省有关人士决定将这批东西运到省会长沙,交湖南省图书馆保管。图书馆找了一个不起眼的小屋子堆放这些材料,从此无人过问。不料这种待遇恰恰保护了这批材料,使其侥幸逃脱"十年动乱"的劫难,意外地得到完整保留。

学者们将这些材料与过去出版的《曾文正公全集》做了比较,发觉有很多材料未被收录,都认为很有必要以这些档案为基础,再与台湾20世纪60年代影印的《湘乡曾氏文献汇编》合起来,出一部新版曾氏全集。岳麓书社将此项目上报国务院古籍整理出版规划领导小组,得到了批准。

然而,要将这个计划变为现实很不容易。好不容易组织了

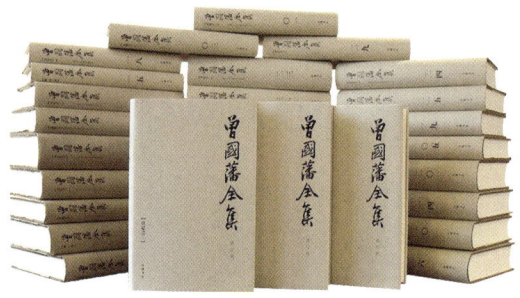

岳麓书社
《曾国藩全集》

20余人的专家队伍,却因种种原因不能产生一个主编,于是所有联络、协调,甚至包括全集体例的统一等事情,都落在唐浩明这个责任编辑的头上。那时候他还年轻,什么事都得亲力亲为,甚至从出版社用木板车搬运庞大的复印机到图书馆复印资料,都是他挥汗如雨地亲自去做。

但是唐浩明乐在其中,潜心去做所有事情。为了真实感受《曾国藩全集》的深浅,他自己先来做曾国藩家书的整理校点工作。整理出的曾国藩家书近百万字,他为每封家书写了提要,又在书后附上人名索引和内容主题索引。1985年10月,这两册家书作为新版《曾国藩全集》最先推出的部分,由岳麓书社出版。

先前唐浩明对曾国藩并不了解,在潜心编辑、仔细阅读校点了他的1000多封家书之后,唐浩明才发现此人思想见解非比一般。唐浩明为此大为振奋,决定不只是做一个伏案看稿、改正错别字的文字匠,还要开展独立研究,做一个有学问、有思想的优秀编辑家。他一边编辑全集,一边潜心于近代史与曾国藩的研究,用心啃读曾国藩留下的1000多万字的原始材料。这种笨拙的读书方式,让他看到了历史的许多细枝末节。而这些往往是被不少以研究为主业的历史学家们所忽视的。不久，唐浩明陆续在学术刊物上发表了10多篇研究曾国藩的文章，有一些还是力排历史定评，为曾国藩重新评价的"翻案"文章，在史学界产生了良好影响。

在全方位地研究曾国藩这个历史人物后，唐浩明产生了一个认识，即曾国藩既不是十恶不赦的反面人物，也不是一代完人式的圣贤，他其实是一个悲情色彩很浓厚的历史人物。1986年，也就在唐浩明进入不惑之年，他做出了一个在当时看来很大胆的决定：写一部以曾国藩为主人公的长篇历史小说。通过多年来的文献阅读，他有信心将人物写得生动鲜活，尽可能接近他心目中的那个人物原型。

唐浩明在上班时间编《曾国藩全集》，其他时间写小说《曾国藩》，每天写作到凌晨一两点。为了减轻编辑以外的工作负担，他还辞掉了副总编辑的职务。从此，他过上了没有星期天，没有节假日，没有任何应酬，除了睡觉之外，也没有任何休息时间，甚至连天气变化、时序推移的感觉都已不存在的生活。经过3年多的焚膏继晷，唐浩明写出了百万字的小说初稿，并将书稿交给了湖南文艺出版社。尽管小说《曾国藩》在出版过程中遇到不少阻力，可终究还是问世了。小说出版后大受欢迎，竟然还推动了《曾国藩全集》的发行。1995年《曾国藩全集》第一次整体推出便印了8000套，半年后又加印5000套。一套30卷的个人全集，

湖南文艺出版社
《曾国藩》

湖南文艺出版社
《杨度》

两年内发行1.3万套，实属罕见。

后来，唐浩明在岳麓书社还策划出版了《胡林翼集》《彭玉麟集》《曾国荃集》，并直接担任这几部书的责任编辑。

唐浩明继续用业余时间进行历史长篇小说创作，写了《杨度》与《张之洞》。写罢小说，他又把写作方向转到"评点曾国藩"系列上。2002年推出"评点"系列的第一部《唐浩明评点曾国藩家书》，以后陆续推出评点奏折、评点日记、评点书信、评点诗文和评点梁启超辑曾国藩嘉言钞，而后把这6本评点合起来，以"唐浩明评点曾国藩系列"的形式整体推出。

后来，唐浩明又花了整整4年的时间，对10多年前出版的《曾国藩全集》做了一次全面的修订，弥补不足。2011年11月，在曾氏诞生200周年的纪念会上，举行了隆重的《曾国藩全集》修订版首发式。看着用红绸带捆扎的31册修订版全集，唐浩明说感觉基本上可以无憾于读者了。

我们要说，唐浩明的无憾实在是多方面的。高质量出版《曾国藩全集》等一系列精品书当然无憾，评点曾国藩诗文书信，可以说也是无憾的业绩。然而，他不仅如此无憾，在潜心做编辑之余，还能产生写作的冲动，业余创作出3部长篇小说精品，可以称之为编学相长、编创相依，真正是此生无憾了。这个案例对于我们编辑职业如何提高专业化程度，还是很有启发的吧！

第41讲　好编辑：爱干、肯干和能干

"爱干、肯干和能干",这是北京十月文艺出版社总编辑韩敬群接受《北京青年报》记者采访时说的一句话。他说成为一个好编辑的条件就是这"三干",尤其是前两条最重要,若没有前两条,能干也没用。

韩总编讲的"三干"标准当然很好。不过,在我看来,"三干"是浑然一体的,不可简单分离。一个编辑,倘若不能审时度势,不能正确地选择编辑出版的目标,不能有效地做事,只是一味爱干、肯干,那也只能说他是出版社的一个好员工,还不敢说他就能成为一个好编辑。在管理学上有一个法则,那就是,做正确的事比正确地做事更重要。

当然,韩总编说的"能干"应当既包括做正确的事也包括正确地做事。韩敬群1991年从北京大学研究生毕业入职出版社,不久就担任了《汤显祖全集》的责任编辑。那是一项要坐几年冷

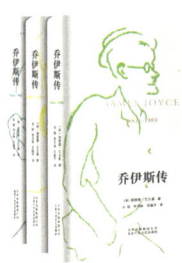

北京十月文艺出版社
《乔伊斯传》

板凳的编辑工作。他不怕寂寞，做成了，获得了第十二届中国图书奖。后来，"百年人生丛书""大家小书丛书"《乔伊斯传》《钢琴教师》《金山》《耶路撒冷》等一批好书均出自他手。由于业绩突出，韩敬群荣获了第四届中国出版政府奖优秀编辑奖，还入选了中国出版协会2017年度"中国十大出版人物"。

韩敬群当然就是他自己所说的"三干"编辑。从他邀约金隄先生翻译《乔伊斯传》的过程就可以看出他的"三干"精神。《乔伊斯传》被认为是20世纪最好的英文传记之一。韩敬群打算组织出版这本书的中文简体版，可是他对译者的选择很苛刻，除非请到翻译过乔伊斯代表作《尤利西斯》的金隄先生来执笔翻译，否则他宁可不做。可当时金隄先生远在华盛顿大学，韩敬群等了一年才等到与他见面的机会。金隄倒是很痛快地答应了，可是要求起码给他4年时间。要知道一般外版书根据合同要求签约18个月内必须出版，韩敬群只好请求版权代理公司延长时限。出版人的诚意打动了版权代理公司，竟然破例同意放宽出版时限。最终《乔伊斯传》中文简体版历时8年在北京十月文艺出版社出版了。

北京十月文艺出版社
《钢琴教师》

在韩敬群手上，还有一本耶利内克的长篇小说《钢琴教师》中文简体版的出版，也有类似的经历。这本书的译文有难度，不是译者的问题，是作者的叙述风格过于怪异。译稿完成后，韩敬群一直觉得不是很满意，于是压在手上没有出版。2001年，根据这本书改编的电影在戛纳电影节上得了大奖，社里同事认为是出版的时机了，韩敬群还是没出，因为对译稿还不放心。一直到了2004年10月，译者给他打电话，说耶利内克获诺贝尔文学奖了。最大的商机来了，全出版社都激动起来。可是韩敬群还是请两位译者又认真打磨了一遍译稿。"好饭不怕晚。"结果那本书一面世就好评如潮，创造了当时诺奖作家作品在中国年度销售最高纪录——11万册。

在我们出版行业里，像韩敬群一样"三干"的编辑出版人自然还有许多。英年早逝的湖南文艺出版社副社长龚湘海也是这样一位"三干"的编辑出版人。龚湘海对文学图书出版有自己的独立见解与理念。他的选题策划，赢得了贾平凹、高建群、何顿、王跃文、曹乃谦、阎真等作家的信任与好评。他策划出版过一批精品力作，其中王跃文的长篇小说《大清相国》、阎真的长篇小说《活着之上》和陈启文的长篇纪实文学《袁隆平的世界》等都不同程度地获得好评。

2017年7月13日，长篇纪实文学《袁隆平的世界》登上了中央电视台《焦点访谈》节目。《焦点访谈》给予这部报告文学很高的评价，并特别强调了它的原创性："从立项，到约稿，期间不断沟通，作家实地采访，反复核实考证。这样一种长达4年

湖南文艺出版社
《袁隆平的世界》

多的原创过程并不容易，和编辑现有版本相比，市场风险也大很多，但是，湖南文艺出版社依然选择了做原创。"那么在同质化严重的图书市场，湖南文艺出版社为什么要做这样一本原创书呢？对此，龚湘海有"四个为什么"的解读。

龚湘海说的第一个为什么：为什么要再做一本这样的《袁隆平的世界》？他说，关于"杂交水稻之父"袁隆平的传记和读物不下20余种，但多是励志类读物，虽然各有特点，但影响力有限。湖南文艺出版社用专业的水准和执着的态度做成的这本《袁隆平的世界》，是一本以人文态度、科学精神、文学笔法来创作的袁隆平及其团队与杂交水稻的新世纪的《哥德巴赫猜想》。要做就做高峰之作，这是龚湘海的抱负。

第二个为什么：为什么要请陈启文来写？原创报告文学就要找有报告文学写作功底的优秀作家来写。湖南作家陈启文有丰富的报告文学写作经验，发表过《南方冰雪报告》《命脉——中国水利调查》《共和国粮食报告》等作品，能够驾驭重大题材，作品质量也很高。还有，龚湘海看中陈启文很愿意去做田野考察这一特点，这是写袁隆平必备的功夫。果然，作家陈启文义无反顾地去田野考察，跟着袁老跑，一个科研基地一个科研基地去跑，甚至自费远赴菲律宾。找到最合适的作者，这是龚湘海的慧眼所在。

第三个为什么：为什么初稿就让编辑惊艳却还要认真修改？

"功夫不负有心人,一稿出来就已十分惊艳。"龚湘海作为本书的责任编辑,对作品给予了高度的评价。优秀的编辑出版人从来不会吝啬对作家的夸奖。不过毕竟这是第一稿,编辑与专业人员经过认真审读,还是发现了不少问题:譬如细节上,袁隆平的手从来没有茧,一稿中却说是布满老茧的手,与事实不符。在一些专业名词的表述上也有不少欠准确的地方。对这些专业和细节问题进行修改后,书稿还得到了国家有关部门很好的审读评价。用心做好编辑审读,这是龚湘海认真的职业态度。

第四个为什么:为什么不到一个月就加印两次?湖南文艺出版社对这本书的营销从非常早的时候就开始介入。在2017年1月北京图书订货会上,湖南文艺出版社举办了第十二届"原创之春"发布会,社长曾赛丰亲自上阵,向读者隆重推荐了几种图书,首先推荐的便是《袁隆平的世界》。营销团队抓住袁隆平相关新闻的契机进行宣传,在线下活动中也会邀请袁隆平团队的部分成员带着少量袁隆平亲笔签名的书参加。营销团队的努力是有成果的,图书发行不到一个月,已经加印两次。整体化营销,这是龚湘海领衔做成一部精品书的经验。

韩敬群的"爱干、肯干和能干",龚湘海的做高峰之作、找到最合适的作者、用心做好编辑审读和整体化营销的经验,正是编辑出版人做原创精品出版应当具备的职业态度和职业能力。

第42讲　怎样给名人大师做编辑

我曾经读过生活·读书·新知三联书店资深编辑张荷的文章《我给王世襄先生做编辑的日子》和江苏译林出版社老社长李景端的新著《风疾偏爱逆风行》，其中都谈到他们各自是怎样给名人大师做编辑的故事，令我很受启发。

张荷说，2001年，在编辑《锦灰二堆》时，她经常因书稿问题前往王先生家，每每登门造访，都会受到王世襄先生和他的夫人袁荃猷先生的热情接待，甚至希望她能常来。袁先生曾说，以前出书，配图、版式、校对等事项常常要他们亲力亲为，王先生的视力越来越差，现在好了，有了责任编辑，这些事就有人帮着张罗了。

后来，在编辑王世襄的《明式家具研究》时，大约有两个多月的时间，张荷几乎每天都去王先生家。为了挑选出满意的图片，她坐在王先生家阳台的花梨木小椅子上，从几千张照片中，一张一张挑选、比对，拿捏不准的就请王先生过目认可，最后分门别类做好标志。2011 年，《明式家具研究》荣获第二届中国出版政府奖。《明式家具研究》一书在国内外都产生了很大影响。在这些荣誉和效益面前，责任编辑的感觉一定非常之好，因为她是实实在在跟着名人大师一起做书，得失自知。联想到我们有些编辑，在一些名人大师的著作出版过程中出力太少，尽管图书一旦获奖，誉满天下，但心中的感觉未必就好。

生活·读书·新知三联书店
《明式家具研究》

  王世襄先生的成果早已在国际上赢得很高赞誉。2003 年 10 月，89 岁的王世襄先生被授予"荷兰克劳斯亲王荣誉奖"，以表彰他在中国（传统）工艺领域的专家性和创新性的研究。王先生是获得此项荣誉的第一个中国人。张荷编辑是一个有心人，很注意用心与王世襄夫妇联络感情。工作之余，她常常会陪二位老人聊天。王先生很健谈，除了谈过往，谈他的兴趣，对当下的许多问题也有很清晰的认识。他的执着与刻苦，以及治学的严谨也令张荷编辑深为敬佩。在编辑《明式家具研究》时，一张张照片成了张荷编辑向王先生请教的由头。王先生也耐心地为她讲解那些名词、术语，分析款式、木料。在"大师""专家"漫天忽悠的时代，一位公认的古家具研究大家，却持有如此审慎、严谨的态度，让张荷深感钦佩。

  王世襄先生逝世后，张荷怀着深深的景仰和缅怀之情，与她的同事赶制了一本新书《京华忆往》以纪念王世襄先生。这本书首印1万册很快售罄。后来,她又承担了《王世襄集》的编辑任务。她几乎翻阅了王先生出版的所有著作,从中遴选出10种囊括了王先生各个研究门类的代表性著作,汇辑成《王世襄集》,历经4年,得以出版。《王世襄集》内容精致,品位很高,成为许多文化读者追捧的名作,更成为各大图书馆和藏书家的必藏之书。

李景端老社长与萧乾夫妇的交往与合作则是另一种编辑故事。

《尤利西斯》被称为现代意识流小说的巅峰之作,国际学术界给了它很高的正面评价。但是因为关于它的争论一直持续,所以直到20世纪八九十年代,中国还没有一个中文译本。译林出版社社长李景端决心要把这部世界文学名著译介到中国来。可是,这本书很难译,因为采用了意识流的写作手法,被文学界称为"天书",没有深厚的语言和文学功力,不是大翻译家,是译不好的。于是,李景端开始为这部书的翻译奔走于许多著名翻译家之间。他先后找了王佐良、周珏良、赵萝蕤、杨岂深、冯亦代、施咸荣、董乐山、梅绍武、陆谷孙、叶君健等一大批著名翻译家,所有人一致认为此事很重要,可是所有人也都婉言谢绝翻译之事。

李景端是译林出版社创始人,克服过创社之初的种种困难,所以在他看来,几乎没有克服不了的困难。一计不成又生一计。

他又去找萧乾和文洁若夫妇。萧乾先生是大翻译家,文洁若也是活跃的翻译家,两个人都精通英文。萧乾先生还研究过意识流文学,在现代派小说方面有较深的研究。李景端明白,萧乾先生年事已高,名望又大,要他来承担这项规模庞大又很繁难的翻译工作,是不太可能的。李景端有自己的办法。他打定主意先把当时还比较活跃的翻译家文洁若请进来,然后再把萧乾拉下水。他跟文洁若签了合同,说明此书是文洁若译、萧乾校。文洁若按照合同如期开始翻译,当然很快就遇到了困难。李景端让文洁若有困难就找萧乾。萧乾先生肯定会帮忙的,谁叫他们是夫妻呢!过不了多久,要求萧乾帮忙的地方太多了,李景端又来造访萧乾夫妇,建议改成合译。这时萧乾先生很难推脱了,苦笑着成了《尤利西斯》的第一译者。大翻译家、大作家萧乾领衔,这部"天书"的翻译质量这才有了保证。

译林出版社
《尤利西斯》

李景端也没有从此做甩手掌柜。他多方托人,在国外找了30多种《尤利西斯》的参考书,其中包括对《尤利西斯》的评论、乔伊斯传记等,交给萧乾夫妇,帮助他们在书中加入6000多条、大约10万字的注释,使翻译工作做得非常严谨。同时,他还专门组织专家写文章,包括请萧乾本人写文章,为《尤利西斯》平反,说这不是淫书,而是文学成就很高的作品,帮助社会各界和有关行政管理部门正确理解这部名著。这部书前后的翻译和编校用了4年时间，出版以后反响很大，4次印刷合计20万册，还获得了国家图书奖提名奖。

在出版社里做编辑，免不了有机会与名人大师合作，这是我们做编辑的荣幸，可也是我们工作中一件需要认真对待的事情。如果处理不好，不仅会使选题泡汤，还会影响到出版社此后与名人大师的合作，甚至可能还会造成不良的社会影响。可是，倘若处理妥当，那可是一个可持续发展的机会。

下面再说一个案例，是编辑与名人大师关系处理妥当，获得了可持续发展机会的故事。

早在20世纪90年代，江西教育出版社的编辑刘景琳策划了一套"经典今读丛书"，托人邀约著名作家王蒙加盟撰写庄子篇，虽然王蒙先生没有加入，却也彼此建立了联系。近10年，刘景琳到北京发展，成为出版经纪人。他找到的第一个著名作家就是王蒙。多年前的合作没有成功，并不妨碍眼下双方开展新的合作。正好王蒙先生准备撰写新著《老子的帮助》，刘景琳立刻承担下此后的经纪工作。他首先让华夏出版社承接了这部书稿，接着就与北京电视台联系，由北京电视台邀请王蒙先生到热播栏目"中华文明大讲堂"去讲"老子的帮助"。结果，观众反响热烈，图书因此成为畅销书。

此后，刘景琳为王蒙先生的新著《中国天机》担任经纪人，与安徽文艺出版社合作,在促销上做得风生水起,图书销量很好。2017年,他又主动从王蒙先生大量讲稿中整理出来一部新书《中华玄机》,主题是中华文化的丰富内涵和历史传承。图书出版后,刘景琳跟出版方天地出版社密切合作,做了一系列营销活动,此书也成了一部广受欢迎的畅销书。

用心用力地经营名人大师著作,使他们的著作产生更好的两个效益,这也是编辑与名人大师合作的要义之一。

安徽文艺出版社
《中国天机》

天地出版社
《中华玄机》

第43讲　文学大师和他的编辑

这里要给大家说到的文学大师是巴金先生。那么，他的编辑是谁呢？就是人民文学出版社著名老编辑王仰晨先生。王仰晨先生是我国首届韬奋出版奖获得者。他是巴金敬重的编辑。文汇出版社出版的巴金书信集《巴金书简——致王仰晨》，收录了巴金致王仰晨的300多封信，足以证明两人之间60多年的深厚友谊。

不仅这部《巴金书简——致王仰晨》让我们好奇，更让我们惊讶的是，翻阅《巴金全集》（26卷），会发现有18卷的卷末，都有题为《致树基》的"代跋"。原来，在《巴金全集》编辑过程当中，巴金与责任编辑王仰晨有过多次通信。成书之际，巴金就挑选了其中一些，放在各卷的卷末，作为跋文发表。而这样的跋文，既是作者与编者友谊的证明，也表现出了作者对编辑的尊重。"代跋"中的"树基"不是别人，正是《巴金全集》的责任编辑王仰晨的本名。巴金在信中深情地写道："我的书橱里有不

文汇出版社
《巴金书简——致王仰晨》

少朋友的信件,其中有一大叠上面用圆珠笔写满了蓝色小字,字越写越小,读起来很费力,但也很亲切。不用说这是你的来信。我生活忙乱,常常把信分放在几个地方。我有一种奇怪的感觉,那里好像有什么东西在发光。这不是什么幻想,这闪光是存在的。我明白了。它正是我多年追求而没有达到的目标:生命的开花。是你默默地在给我引路。"

"是你默默地在给我引路。"一位世纪大作家是这样赞誉、感谢一位老编辑的。这当中该有多么深厚的情谊啊!

早在20世纪40年代,王仰晨就与巴金结识。王仰晨开始编辑巴金先生的著作却是在1957年。1956年,王仰晨调到人民文学出版社,第二年就接手《巴金文集》的编辑工作。那时,《巴金文集》已经印了3卷,在巴金的关注和指点下,王仰晨完成了其余的11卷。

巴金致王仰晨的信件,相当一部分就是在编辑《巴金文集》时写的。收在《巴金全集》中的不完整的日记,对他们的交往有一些记录,内容涉及工作也涉及生活。1963年12月28日项内记有:"八点起。给王树基写信,并附去《家》三十八章修改稿一页。……复树基信并附《家》改正稿。"从中可以看出,王仰晨在《巴金文集》的编辑过程中还注意对其中一些文本提出修改意见。巴金日记1964年6月2日项内记有:"八点半起。写信,封好《携手前进》原稿全部并附贤良桥畔金星红旗照片一张,致树基信一封和萧珊(即巴金的夫人)给他的信。……寄树基《携手前进》原稿全部和金星红旗照片一张。"6月25日项内记有:"……复树基信,他认为《携手前进》书名不像文学著作。我决定改为《贤良桥畔》。"看得出来,王仰晨对巴金《携手前进》的书名提出意见,巴金接受了。后来巴金在给王仰晨的信里说过一段话,大意是说,王仰晨所提出的意见,他有时采纳,有时没有采纳,但他都会认真地进行考虑。可见巴金对于王仰晨意见的重视程度。

王仰晨与巴金成为挚友,巴金给王仰晨写信达400多封,王仰晨给巴金写的信则更多。他们通信不仅因为有编写往来的业务磋商,也有不少是通常文友之间的交流。在"十年动乱"期间,1976年王仰晨主持编辑出版《鲁迅书信集》,恶劣的政治环境曾带给他不小的伤害,他免不了要向巴金诉说心中的郁闷。巴金在信中宽慰他道:"我想鲁迅先生若在,他对你这样工作一定会满意,一定会鼓励你。"当时,巴金自身的处境也还没有改善,他却毫不避讳地安慰和鼓励这位编辑朋友。

王仰晨是《茅盾文集》和《茅盾全集》的责任编辑,是1981年版《鲁迅全集》领衔的编辑。他经手编辑的图书,还有《青春之歌》《平原枪声》《逐鹿中原》等长篇小说,以及茅盾、巴金、曹禺、萧红、沙汀等著名作家的选集或单行本。他曾经冒着极大的政治风险,协助北京第二外国语学院汉语教研室(即童怀周),选编了《天安门诗抄》,并努力推动人民文学出版社及时出版。对于王仰晨在编辑出版上所做的贡献,巴金当然是了解的,为此也愈发敬重这位正直有为的杰出编辑。

在王仰晨的精心努力下,14卷本的《巴金文集》成功出版。对此,巴金已经很满意,可是,王仰晨并不就此歇息片刻。从1983年起,他一再提议编选《巴金全集》。巴金最初是不同意的,他认为他的作品不值得出全集。而且,一般情形下,都是在作家完全停止写作甚至故去后才着手出版全集,巴金当时还在写作,似乎也不宜急于出版全集。可是,王仰晨有自己的计划,他要趁巴金还健在时即着手编选出版《巴金全集》,有些需要订正解疑的问题还有机会向作家本人请教。一直到1984年秋天,王仰晨到上海去看望巴金,又提起了编全集的事,巴金才接受了这位执着的编辑的建议。他说:"全集的事,你愿意搞就搞吧。我知道你,你也知道我。"

王仰晨回到北京,立刻开始投入《巴金全集》的分卷、编目等工作。那时他主持的《茅盾全集》(40卷)编辑工作已经发稿17卷,出书还未足10卷,正好可以穿插进行《巴金全集》的编辑工作。不久,巴金把1949年前出版的几十本著作送了过来,看得出文学大师也很重视自己的全集出版工作。从此,王仰晨全力以赴地从事全集的编辑工作。这期间他们常有书信往来,编辑过程中遇到的所有问题都能及时得以解决。《巴金全集》在1994年出齐,共26卷,近1000万字,前后差不多花了10年时间。不过,有意思的是,不像其他许多全集都有编辑委员会,至少也有个责任编辑的署名,《巴金全集》书上这些一概没有。以至于此书获得第二届国家图书奖荣誉奖时,在人民大会堂颁奖,组织者竟然一时没有通知到责任编辑王仰晨,只能让人民文学出版社的一位代表把奖证领了回去。

《巴金全集》出版,印刷了两次,在王仰晨的精心研究下,装帧设计和印刷质量有了提高,图书的品相趋于精致。按说王仰晨可以了却心头最挂念的事情了,没想到,他还是不能休息。他又直接督促、帮助、指导编辑了《巴金译文全集》(10卷),约300万字,于1996年9月一次出齐。巴金还是一如既往地要

人民文学出版社
《巴金全集》

在他的书上记录他与王仰晨的友谊，在《巴金译文全集》（10卷）的每一卷的卷末附上"代跋"，10篇"代跋"都是《致树基》的一封信。

2005年，王仰晨和巴金相隔4个月先后辞世，巴金活了101岁，王仰晨活了84岁。这对挚友，像是前世今生有约，几乎是一同告别人世。不过，巴金先生可能还不知道，王仰晨临终前还在抓紧做《巴金全集补编》的编辑工作。

第44讲 筑好精品书质量的堤坝

做书要讲质量,这是共识;做精品书尤其要讲质量,这当然更是必须的了。专门安排一讲来讲质量,实在是因为有太多的经验和教训了。倘若是一本普普通通的图书,出了质量问题虽然令作者、读者遗憾,但因为影响面不大,损失也就不是太大。然而,如果是一部内容质量一流的精品书,是一部要评国家大奖的书,一旦出了质量问题,这就不是造成一些遗憾的问题,而简直成了人神共愤的大事。

为此,要做精品书,首先要筑好质量的堤坝。

外语教学与研究出版社编辑出版的《王佐良全集》,质量上受到一致的赞扬,这与他们坚持尊重和完善两个编辑原则是分不开的。出版社对学术大家的作品,编辑时尤其需要谨慎,妄改是最要杜绝的事情,尊重作者、原作语言和时代背景是首要原则。对内容、语言上的疑问,务求进行多方面的查证、核实。所谓完善，就是编辑对《王佐良全集》负有统一体例、对错讹予以改正的责任。对原稿中明显的笔误、排印错误或原版本的编辑错误，可径改；但对此类错误的认定需要慎之又慎，最可靠的办法就是征引作者生前出版的不同版本进行互校或请教相关领域的专家。还有就是对引文的误植，在充分确认原文、核实版本的基础上，可径改。但若影响上下文的表达，需做编者注释。如果是事实性错误，例如人物生卒年、作品出版年等，考虑到资料发掘和学术研究是不断演进甚至是有所反复的，此类问题有其时代特点，因此编辑以做编者注释的方式处理，给出现今的资料来源。凡此种种，外语教学与研究出版社的编辑慎之又慎、斟酌再三，从而确保了《王佐良全集》高质量的出版。

外语教学与研究出版社
《王佐良全集》

上海科技教育出版社的精品书《三磅宇宙与神奇心智》，内容神奇，而出版社的编辑工作也不可谓不神奇。这部书的编辑所做的工作，无论是前期对文字的修改、段落的调整、标题的更换，还是后期对图书的宣传与推介，乃至与喜马拉雅商谈的有声图书合作，都包含着大量的创造性劳动。难能可贵的是，他们每一个环节都与作者妥善沟通，努力达成一致意见。据编辑说，他与作者相互沟通的邮件，一来一回几近 200 封。最后，编辑连书名也没放过。作者原书名为《心灵探秘——人类怎样认识自己的

上海科技教育出版社
《三磅宇宙与神奇心智》

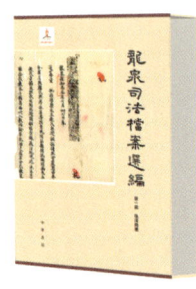
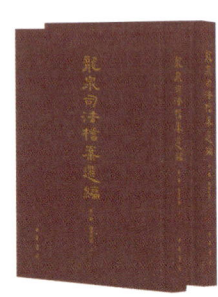

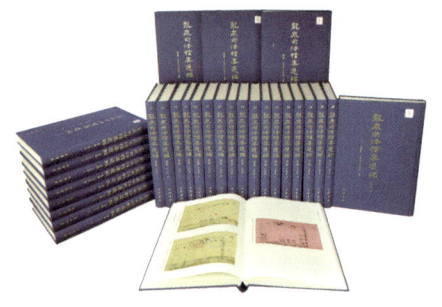

中华书局
《龙泉司法档案选编》

心智》，编辑们开展"头脑风暴"，最后奉献了一个书名《三磅宇宙与神奇心智》，作者和编者一致赞成。有了具有吸引力的新书名，这部书顿时成为双效俱佳的精品书。

中华书局的《龙泉司法档案选编》是国家出版基金资助的重大项目。龙泉司法档案，是现藏浙江省龙泉市档案馆的一批法律文书。这批法律文书，从清咸丰八年（1858年）起，一直到1949年，历史跨度长达近百年，是目前所知保存最完整、数量最大的晚清民国时期地方司法档案。它完整呈现了晚清至民国时期的地方司法审判过程、法律制度变迁以及文书格式变化等弥足珍贵的历史信息，清晰记录了中国法律制度和司法实践从传统到近代变革的完整过程。因其完整性、专业性、稀见性等特点，这份司法档案具有很重要的史料价值。

为了这套大书，中华书局组建了一个专业能力强、团结奋进的编辑团队。龙泉司法档案拥有庞杂的1.7万多个卷宗、88万页文书，对于如此规模的晚清民国法律文献的整理出版，目前还没有较为成熟的整理模式。为了保证质量，编辑团队采取分头审稿、集中讨论的办法，每周集中讨论3~4次，有时从早晨讨论到晚上，再把形成的意见反馈给资料拥有方，对方再做讨论沟通。书稿体量巨大，双方往来沟通，历时半年多，逐步形成比较稳定的体例，写下了十几页纸的编辑规范。

司法档案文献整理非常专业，有些时候会超出编辑的知识范围。为了能够对问题有准确的把握，编辑团队把一些重要问题提出来，向相关领域的专家寻求帮助。专家们都给出了很中肯的意见。尽管如此，最后的几个月，编辑团队仍然发现某些问题的处理有不妥之处。因为这批文献的特点是，同类问题在每一册中都有可能出现，对于一类问题的修订，意味着四十几册的书稿要全部统查。编辑团队本着宁可多费功夫也要少留遗憾的原则，不厌其烦地统查修订。有个别问题虽然经过了几个回合的讨论，最终还是没能达成一致处理意见。对于悬而未决的问题，编辑团队采取了保留意见、做注说明的办法，客观反映学术研究状况。

这个项目的编辑团队由4位编辑组成。两位退休返聘老编辑，有着丰富的文献整理编辑经验；两位在职编辑，都是中青年古文献编辑整理专业人员。4位编辑一致的特点是工作洒脱利落，不推诿肯承担。每位编辑不但积极主动地完成自己分担的任务，并且对工作中的各种问题直抒己见,无私地奉献智慧。编辑团队除经常开会讨论外,还建立了专门的QQ群,在各自处理书稿时,把发现的问题及时发到群里,了解的编辑会及时给出处理意见,意见不一致时也会立刻展开讨论。每次讨论之后形成的编辑备忘录,及时发到群里共享,成为编辑工作的统一准则。对于不能在网上简单解决的问题,团队安排时间专门讨论。讨论有时也会面红耳赤,可是这对这样的大项目而言,倒是非常必要的。还有,后期介入的校对小组在校对质量上把好最后一道关卡。出版部介入后,根据印制时间,采取了分批下厂、滚动印制的办法,不仅确保了出书时间,还确保了印制质量。

如果说《龙泉司法档案选编》是文献整理出版,时效性不强,因而编辑校对工作可以从容对待,那么,时代文艺出版社的长篇报告文学《心有大我 至诚报国——黄大年》一书却是时效性很强的一部书。可是,不管时效性有多强,编辑校对也不敢在质量上有所松懈。

《心有大我 至诚报国——黄大年》记述了海归战略科学家黄大年为我国教育科研事业做出突出贡献直到生命最后一刻的感人事迹。该书以大量翔实、生动的细节描写,还原了黄大年作为国家多个技术攻关项目的首席专家,带领科技团队只争朝夕、顽强拼搏,在7年多的时间里取得一系列重大科技成果,填补多项

时代文艺出版社
《心有大我 至诚报国——黄大年》

靠前技术空白的经历，再现了他一心报国的精神，向全社会传递了"心有大我，至诚报国"的正能量。上级领导要求出版社在黄大年逝世一周年时出版此书，而当作者交来书稿时，距离黄大年逝世一周年只有60天。编辑和校对人员紧急进入编校工作。尽管作者有着深厚的文字功底，但这部作品的通讯报道味道还是过重。在编校过程中，编辑本着不过度编辑加工的原则，在尊重作者的前提下尽量提高书稿的文学性。三审三校结束后，编辑又请两位资深编审再次审读清样。此外，编辑还给作者和黄大年生前的助手送去清样，请他们最后通读。总之，内文几易其稿，改样发出不下10次才最终定稿。而封面设计也是反复修改，直到第9稿时才得以定稿。这部连组稿写作带编校加印制在1年内完成的主题出版物，以过硬的质量被评为2017年度"中国好书"。

第45讲　久久为功做成精品书

在包括出版业在内的各行各业都在讲"时间就是金钱,效率就是生命""快鱼吃慢鱼"的今天,久久为功,锲而不舍,"十年磨一剑",这些古往今来做成大事业者的经验之谈已经较少被人们注意。我们在讲了百种以上精品书案例之后,觉得最后还是要讲久久为功,做精品书,很多时候需要编辑的耐心和毅力。

前面提到的安徽文艺出版社用了8年时间编辑出版《昆曲艺术大典》,三秦出版社用了6年时间组织编撰出版《中国蜀道》,都可以称得上是久久为功的典型案例。

译林出版社翻译出版7卷本的《人类文明史》,也是用了8年时间,显示了足够的耐心和毅力。《人类文明史》是联合国教科文组织主持并组织实施的重大文化工程,是一部全面反映整个人类文明发生和发展史上人类物质和智力创造成就的百科全书。2008年,译林出版社积极联络,取得了翻译出版《人类文明史》中文版的权利。2009年,这个项目入选国家出版基金资助项目。2016年,《人类文明史》正式出版,获得了第六届中华优秀出版物奖。

译林出版社
《人类文明史》

对于译林出版社用8年之功翻译出版《人类文明史》,媒体报道突出的是译林出版社在出版工作流程中的合理规划、科学安排和精心布局的经验。其实,在立项之初和项目进行之中,译林出版社锲而不舍、持之以恒、百折不挠、贯彻始终、坚韧不拔,最后久久为功,同样是值得予以褒扬的。译林出版社之所以要用8年时间来做这套书,主要是出于保证翻译质量和三审三校质量的考量。译林出版社为此投入了大量的人力、物力和时间。

为了确保翻译质量,译林出版社坚持"专业背景+语言能力"的标准,延请了国内社会学界和历史学界一流的专家团队担任丛书主编和分卷主编,如北京大学历史系教授、国务院学位委员会历史学科组成员钱乘旦,清华大学历史系教授、世界近代史学会副秘书长刘北成,山东财经大学副教授、中国英国史研究会会员阮岳湘,中国社会科学院美国研究所研究员曹德谦,中国社会科学院拉美经济专家张森根教授。在主编们的推介下,通过试译,他们遴选了几十位优质译者,为高质量的翻译出版提供了可靠保证。

译林出版社
"艾丽丝·门罗作品"

三审三校是保证精品书质量的最后堤坝。越是体量巨大的项目,越要严格执行三审三校制度,决不能因为赶进度就"偷工减料"。《人类文明史》有千余万字,尽管时间紧、任务重,但在质量把控方面编辑们没有丝毫放松,几乎每一卷在责任编辑手中都进行过五六个校次,除此之外还有校对的多次认真审校,最终保证了这部大书以很高的质量面世。

译林出版社在重点出版项目上具有足够的耐心,在行业里是有口碑的。这个社出版的7卷本"艾丽丝·门罗作品"也是一个突出案例。

加拿大女作家艾丽丝·门罗获得2013年诺贝尔文学奖。她是100多年来诺贝尔文学奖历史上获此殊荣的第13位女性作家,殊为不易。门罗获奖后不久,译林出版社就出版了7卷本的"艾丽丝·门罗作品"。行业里有些人还以为译林出版社为诺贝尔奖"押宝",像这些年常见的情形,每当诺贝尔奖消息发布,就有出版社以神奇速度抢先出版获奖作家的作品。不过,速度再快也不可能7卷本一起出版啊。其实,"艾丽丝·门罗作品"的翻译工作是从2008年启动的。译者或是作家,或是翻译家,或是诗人。他们和编辑一样,都热爱门罗作品。他们用数年时间潜心翻译,为了语言节奏和风格的相对统一,还进行了译本的互校。

翻译需要精工细作,编辑更要做精细化的工作。2013年10月,门罗获奖消息传来,出版进度需要抓紧,但该做的编辑工作,一样也少不得。每天晚上回到家,编辑们处理完家事,就打开电脑,登录 QQ,摊开稿子,仔细推敲。门罗从不用冗长的句式或华丽的辞藻,但简单的词汇中的丰富涵义是翻译者和编辑最难把握之处。一个词的译法,可能需要耗费几个小时去查阅、探讨、推敲。就这样,编辑们集中所有精力把门罗的 7 部作品以尽可能完美的形象送到中国读者面前。编辑们和译者们并不曾替门罗能不能获诺奖算过命,可是,他们认定门罗的作品可以直抵人心,认定好的作品需要仔细翻译。所以,他们几乎就是只问耕耘不问收获,以足够的耐心和毅力,在中国出版业所谓诺奖出版大战中以 7 卷本的规模独占鳌头。

6 年、8 年乃至 10 年磨一本书、一套书,在出版业内本来是常有之事,只是早些年这样的耐心和毅力似乎在减弱,而近 10 年来正有所回归。我们说的是耐心和毅力,并不一定非要投入大量时间才算久久为功。一切都要看图书内容和规模的需要。

评上 2017 年度"中国好书"的河南文艺出版社《梦与真——许渊冲自述》,字数不到 20 万,出版社为这本书所投入的时间也就只是两年,然而,编辑在其中所做的工作,同样能够体现编辑的耐心和毅力。

面对《梦与真——许渊冲自述》这部书,有人问,许渊冲是

河南文艺出版社《梦与真——许渊冲自述》

誉满天下的大翻译家，江西南昌人氏，常驻北京外国语大学，他与河南方面没有任何特殊交集，2015年写作此书时已经94岁，河南文艺出版社何以能得到老人的首肯，使老人开始写作个人迄今为止第一部回忆录？

首先，河南文艺出版社社领导坚持以耐心和毅力约请一批学术名家撰写自述，并且得到了丛书主编柳鸣九先生的帮助，于2015年初向许先生约了稿。94岁的老人信守承诺开始给出版社写自述。

接下来的事情就尤其需要编辑的耐心和毅力了。编辑在给许先生打第一个电话之前，买了许先生的很多书，上网查阅他的资料，一个晚生小辈就这样与一位文化老人建立了通畅的交流关系。

编辑遇到的最大的困难是，自述涉及的人与事太多太杂，94岁的老人记忆力再好，也不可避免会出现偏差和模糊，书中提及大量人名、地名、机构名、时间、职务、书名、文章名等，这些信息都需要一一核实。尤其是一些机构名称，几十年来发生了很大的变化，如果不交代清楚，今天的读者就会迷迷糊糊。可是，编辑也不能拿这些技术性的问题去烦扰老人，于是，只好采取自己想得到的各种办法去一一核实。

让年轻的编辑感到最不方便的是老人不用电子邮箱，所有的沟通，必须通过电话。可老人听力又不好，这样一来，大量的文稿处理，双方主要是通过纸质书信与校样来完成的。编辑将所有的疑问标在校样上，寄给许老，许老在校样上一一作答。有意思的是，这位编辑同时还在处理另外一部作品《朱元璋传》，是80多岁的陈梧桐教授的作品。陈教授同样不用电子邮箱，同样听力不好。于是这一年中，这位编辑日常工作之一就是寄校样，收校样，收校样，寄校样……而只要接到二位老先生的电话，整个大办公室都回荡着这位年轻编辑洪亮的声音……

编辑过程中的反复，时时在考验着编辑的耐心和毅力。譬如，许老把书稿寄来不久，就跟着追来一封信，说里面有一处没有说清楚，又重写了一页寄上，要求将原来的内容替换掉。如是者一次又一次，以至于来稿时全书是20章，由于编辑过程中许老不断补充，成书时就成了22章。当中央电视台《朗读者》节目中主持人董卿与许渊冲颇为风趣的交谈，使得人们对许老的《梦与真——许渊冲自述》产生浓厚阅读兴趣的时候，编辑觉得所有辛苦付出都是值得的了。

第 46 讲　一部超级畅销书的全程营销（上）

扫一扫·听音频

一说到超级畅销书，有些朋友可能就会想到《哈利·波特》，是的，正是这部系列少儿小说。近几十年来，真正被国际书业称为"超级畅销书"的，好像就是这部图书。自从 2000 年由人民文学出版社出版中文简体版以来，《哈利·波特》已经在中国销售了 2200 多万册，在中国就称得上"超级畅销"，何况在国际上有 40 多个语种翻译出版了这套图书。

自从我在人民文学出版社主持出版《哈利·波特》以来，我已经无数次被人问到这套图书的版权是怎么得来的，又是怎样把它在中国做成功的。大家好像觉得这个案例很有故事性，为此我写过一篇长文《一部超级畅销书的"生命工程"——〈哈利·波特〉的整体开发与营销》做了解答。尽管如此，大家还是要追问。那么，现在我着重讲一条经验，那就是畅销书要坚持进行全程营销。

先说说《哈利·波特》的全程营销是从哪里开始的。

第46讲 一部超级畅销书的全程营销（上）

首先，《哈利·波特》的营销是从我在人民文学出版社调整经营思路开始的。自1999年起，人民文学出版社的经营思路逐步进行了调整，在坚持挺拔文学主业的基础之上，向与文学相关相近的领域扩展，建立了少儿、教辅、文化等方面读物的出版品种体系。特别是少儿文学读物，我们是下了大决心要去开发的，因为少儿文学应当是文学出版的题中应有之义，而且这个市场很大，前景更是不可限量。当然我这里不是鼓吹大家都去做少儿出版，大凡成功者不仅要审时度势，还要量力而行。有了明确的经营方向，有了明智的经营策略，还得有可靠的组织落实，否则还可能是纸上谈兵。我们决定成立少儿读物编辑室，但一开始遭到不小的反对，主要意见是不必成立专门的编辑室，哪个编辑室有选题都可以做。我说这话只说对了一半，各个编辑室是可以适当做一些少儿书，但是必须有专业编辑室专门去总体设计和集中开发，否则责任分散，特别是很难抓到原创性选题，都是编选图书，成不了大气候。最后，我的意见占了上风。《哈利·波特》出版项目就是在少儿读物编辑室建立过程中运作起来的。

《哈利·波特》选题是少儿读物编辑室通过资讯搜集得来的。过去，人民文学出版社的外国文学出版选题大体是以古典名著为

人民文学出版社
"哈利·波特系列"
（2000年版）

主，由此形成了权威品牌，且经久不衰，但同时也就造成了现代作品版权引进业务的不足，全社对版权方面资讯的重视也很不够。从1999年起，我们强调开展以资讯为基础的经营，要求加大资讯搜集的力度。许多编辑逐渐重视起了信息搜集工作。《哈利·波特》在国际上走红的信息就是我们的编辑从网上和《中国图书商报》等报纸上搜集到的。他们非常及时地向我报告，很快就得到了社务会的重视和支持。随后，编辑们比较迅速地开始了《哈利·波特》版权引进的联系工作。

版权引进也是一番营销运作。当时全国有10多家出版机构在争取引进这套书的版权。一个偶然的机会，我看到国外媒体有一篇文章批评《哈利·波特》，说它只是一部文学价值不高的通俗小说。我们知道，受到这种批评对于刚刚进入文学创作领域的作家J.K.罗琳小姐来说肯定是很不愉快的事情。当英方版权代理人要求我们介绍人民文学出版社情况时，我就要求编辑认真宣传人民文学出版社在中国的文学出版地位。对方在电话里对我们的自我介绍不断地惊叹，连声要求给他发文字材料。后来我们才从网上知道，作者J.K.罗琳小姐非常愿意与文学品牌社合作。

我们引进《哈利·波特》中文简体版权，一开始是在比较保密状态下进行的，目的就是为了减少竞争对手。出其不意，攻其不备，乃兵家常法。在保密的同时，我要求少儿读物编辑室立刻开始邀约译者启动翻译工作。编辑说如果买不到版权岂不白费了翻译费。我说从版权购进到组织翻译出版，中间间隔时间太长并不利于图书后续的宣传和营销。提前翻译就算是风险投资吧。后来事实证明，《哈利·波特》前3册能够在当年7月底签署协议9月底出版上市，近70万字的文字翻译可谓神速，提前启动的营销决策起到了重要作用。

然而，应了"没有不透风的墙"这句俗话，何况在信息社会，长时间地封锁信息是困难的。2000年7月，《中华读书报》最先披露了所谓《哈利·波特》"版权大战"的战况，用了"激战正酣"这样的词语来渲染。我们看了报纸顿感有些紧张，此前只是从英方那里知道国内还有出版社有意于此，可没想到有报纸上说的那么多家。这时网上有消息说英国方面表示《哈利·波特》中文简体版权已经决定授权给中国的一家出版社了，但社名未被告知。从那时起，记者询问我们是否获得授权的电话就没间断过。事实上人民文学出版社已经将协议回签给了英方。社里策划部门说，顶不住记者朋友的纠缠，是不是就此公开承认我们已经进入签协议阶段。我说还是要顶住，还不到揭锅盖的时候，要坚持保密下去。我和他们讲了一个道理，一个新产品在投放市场之前，如果能引起社会广泛的注意，进而引发顾客强烈的兴趣和购买的欲望，固然是再好不过的，但是这个新产品必须接踵上市、趁热出笼，否则会造成信息的走失和市场销售的落空。现在由于有了《哈利·波特》在国际上的成功，又有了国内的版权之争的新闻，注意力、兴趣和一定程度的阅读欲望都有了，可是现在协议还没有最终签下来，而离出书至少还得两个月，一旦版权之争结果揭晓，那些注意力和兴趣就会逐步消失，阅读的欲望会减弱，岂不可惜！现在是能顶住一天也是好的，到实在顶不住了，我们再开一个新闻发布会。新闻发布会还要准备多提供给记者们一些新闻内容，让他们用这些内容去不断地引发读者的兴趣，继而形成购买的欲望和冲动。

在社里，我们为《哈利·波特》召开项目准备会，严格提出了保密要求，统一部署了投产的准备工作。这时，很多媒体都对《哈利·波特》"版权大战"给予了充分的报道，又是"群雄逐鹿"，又是"冲击波"和"反思冲击波"，又是"即将登陆"和"能否安全登陆"，等等，一时之间好不热闹。社会注意力的持续为将来的销售打下了更为坚实的基础，也为我们的后续工作赢得了时间。直到8月26日英方把协议寄回到北京，这时我们意识到不好再回避记者的追问了，因为涉及新闻伦理问题，于是我们将计就计，在8月的最后一天举行了一个比较隆重的专题新闻发布会。这时距离图书出版只剩下1个月的时间，关于《哈利·波特》的话题能够与图书上市的新闻热议衔接上了。

第47讲　一部超级畅销书的全程营销（下）

扫一扫·听音频

事实上，关于《哈利·波特》全程营销的话题还有很多，譬如，如何装帧设计，如何防盗版，如何安全印制，使用什么特殊材料，举行什么样的首发仪式，销售时将会赠送什么样的礼品，等等。对这些话题我们都做了精心的设计，向媒体做了适当的披露，帮助记者们做文章。这时，少数媒体对《哈利·波特》的市场前景提出了质疑：一是从文化差异的角度估计中国的少年儿童读者不一定喜欢；二是从以往许多国外畅销书在中国较差的销售业绩来判定《哈利·波特》不会有更好的命运；三是根据《哈利·波特》在日本的销售业绩不像欧美国家那么好，判定亚洲是《哈利·波特》的滑铁卢。为此我们的编辑很不高兴，说是别人的小孩还没出生怎么就可以掐算出小孩要死呢！我笑了，说我就怕版权引进的新闻结束后别人不再关注《哈利·波特》。这不也正好是《哈利·波特》话题的延续吗？甚至是话题的深层次延续，既可以展开讨论，促进出版文化的思考，又给了我们一个营销的机会，只要我们的图书质量经得起讨论，还是值得高兴的。

这里我还要特别提到网络营销。由于网站的新兴地位，他们的宣传往往具有现代气息和民间色彩。不少网站对《哈利·波特》进行了宣传，为《哈利·波特》营造了具有现代气息的广泛影响。800网站抢先一步与我们签下了网上购书协议，博库网站与我们签下了独家配合宣传协议，他们都很精心地设计了宣传主页。有一天，我们发现网上出现了经过注册的"哈利·波特网站"，经过了解，原来是一位哈利·波特迷创办的。对此我们有一点遗憾，但也没办法，说明人家很有前瞻性和操作能力。话说回来，反正是宣传我们的《哈利·波特》，正求之不得，应当表示感谢。后来该网站创办人和我们也有过很好的接触和配合。

经过我们的多方策划与运作，业内人士和广大读者对《哈利·波特》的兴趣越来越浓厚，可谓未见其人，先闻其声，先声夺人，形成了比较充分的舆论先导和市场准备。

下面再说制作。整体制作首先指的是一种理念，那就是要以整体设计的原则去进行一本书的设计制作。我们要求对于《哈利·波特》系列图书的设计制作，从一开始就要有意识地去适应读者和市场营销的需要；同时，要对一系列的工序，包含翻译、编审、校对、装帧设计、出片、选料、印装等，做好统筹安排。

当时我们有一个明确的追求，就是要让不同凡响的《哈利·波特》制作得不落俗套，在每一个制作环节都要考虑到读者的需求和市场营销的效果。我们一如既往地发扬人民文学出版社注重翻译图书翻译质量和编校质量的传统，比较好地保证了内容文字质量，这是人民文学出版社品牌的核心内容。除此之外，对于其余诸多细节我们也都反复斟酌，务求效果上佳。

　　为了《哈利·波特》的上市营销，我们直接与各省市销售代理商紧密合作，对他们的要求就一条，要有针对图书批发商的业内宣传和分销设计。图书批发商无异于出版人神经和血管的延伸，我们与他们的合作必须建立在同舟共济、效益共享的整体性原则之上。我们召开专题订货会，邀请各地重要的批发商专程到北京参会。在会上，出版社全面报告此书的营销计划，包括后续宣传计划、首次印数、装帧设计方案等内容，听取他们的意见，以此增强合作的信心。我们对于批发商各自的包销底数提出了适当的要求，因为这是与折扣优惠挂钩的。我们对于先款后书的合作者明确了优惠折扣，对于过于保守的合作者我们在利益分配上也做了相应的调整。最后，我们要求每一家拿出一个相对完整的促销方案，既作为最后确定合作伙伴的参考，也是为了集思广益，便于后续配合。这一招很灵，批发商们有的是促销经验，很快就交来了20多份促销方案，真是各显神通、各有高招，洋溢着合作者的热情和信心。后来我们在许多城市开展的《哈利·波特》促销活动，大都是由这些批发商具体操办的。当然，对于这样的批发商，我们特别注意按需供货，不然的话岂不是要让人家做冤大头吗？事实表明，后来他们把自己的市场做大、做细、做活了，我们供货源源不断，于是该赚的都赚了，皆大欢喜。

接下来，我还要介绍一下图书上市销售阶段的宣传和推动。该做的事情陆续都做了，上市销售可就是短兵相接了，为此我们对促销活动做了周密的设计。主要实施了以下一些促销计划：

一是全国同时首发。早在9月底，我们就通过媒体发布新闻，称中国的少年儿童期待已久的《哈利·波特》定于2000年10月6日上午10时整在全国各大中城市同时开始销售。在宣布首发消息的新闻发布会上，还冒出来了一些外国驻华记者，他们似乎不太相信《哈利·波特》能够按时顺利出版。"全国同时首发"引起了社会和广大读者的期待，在一些城市造成了国庆节书市的热点。二是制作广告招贴宣传。三是编辑撷英手册导读。四是首发仪式创新。我们特别请来中国儿童艺术剧院的一位演员，按照图书封面上的形象，让她装扮成小说中哈利·波特的模样，身披黑色斗篷，手上挥舞精致的魔棒，闪亮登场，全场因之活跃异常。五是后续新闻不断。虽然图书在北京以及一些城市首发成功，但并不意味着大功告成，更不能高枕无忧，重要的是要把这精心策划成功的开张大吉的消息广泛传播，推动全面销售。我们在首发仪式前即着手组织首发成功后的新闻报道。据不完全统计，首发后的10天里，各种媒体有关《哈利·波特》的各种报道高达100多篇，中央电视台、中国教育电视台、北京电视台都对首发仪式做了现场报道。中央电视台《东方时空》改版后的《世界》栏目第一期就用了大量时间介绍《哈利·波特》，并选用了我们首发仪式的许多现场资料。后续大量的新闻报道实现了首发仪式的效益最大化。六是发动第二波促销。畅销书促销最重要的手段还是向广大读者提供权威性的肯定性意见。我们在北京、上海、长沙等地召开了儿童文学专家、文学评论家、教育专家、中学特级教师等出席的《哈利·波特》研讨会，请专家们来研讨，组织深度书评。此外，我们协助中国电影业引进《哈利·波特》好莱坞大片，协助中央电视台《读书时间》栏目就《哈利·波特》开展讨论，还与一些儿童文学刊物一起举行《哈利·波特》读书征文活动，等等。

此后，《哈利·波特》每一部新书的出版都要持续推动。尽管《哈利·波特》在中国已经是知名品牌，前面3部的销售态势一直良好，我们仍然要求精心组织每一部新书的首发仪式。理由还是那句话：生命在于运动，出版不息，营销不止。《哈利·波特》在我国也终于成为一套名副其实的超级畅销书。

人民文学出版社
"哈利·波特系列"
（2000年版）

第 48 讲　长篇小说《突出重围》是怎样突出重围的

今天讲讲人民文学出版社的长篇小说《突出重围》是怎样突出重围的。长篇小说《突出重围》1998 年 11 月由人民文学出版社出版，首印 20000 册，可是直到 1999 年 5 月，才发行了 4000 多册，眼看就要成为滞销书。但是，后来这部长篇小说却又成了畅销书，还获得了好几项大奖。那么，《突出重围》是怎样突出重围的呢？

事情还得从 1999 年 5 月 7 日国际上发生的一件大事说起。

当时国际上发生了什么大事呢？那就是以美国为首的北约轰炸我国驻南斯拉夫大使馆。许多国家为此震惊，这一恶行更是引起我国人民极大的愤慨。当时，人民文学出版社一位老编辑找到我，说全国人民都在用各种办法、各种方式表达爱国热情，我们出版业也应当有所表示。他说，出版社去年年底出版的长篇小说《突出重围》说的就是强国强军的主题，建议重新拿出来进行

人民文学出版社
《突出重围》

宣传。

我是1999年3月24日才调到人民文学出版社担任社长的。当时，我知道《突出重围》是军旅作家柳建伟的作品，报纸上已经有书评，不过我还没来得及读到。我让发行部立刻报告这部书的发行情况。我得到的信息是，这部书首印20000册，仓库里还存着15000多册，已经发出去的4000多册还不一定保证能销售出去。

用一个晚上的时间抓紧把这本书看完后，我认定这是一本既好看又有现实意义的好书。小说虚构了解放军奉命参加军事演习的两个师，A师是红军，实力比较强，B师是蓝军，实力比较弱。两个师长都是血气方刚的年轻指挥员，意气风发，互不相让。结果，由于蓝军B师自觉进行了科技装备，通过一系列科技手段打了红军A师一个措手不及。有人称这是一部军事武侠小说，这足以表明作品的可读性。

第二天一上班，我就决定启动对《突出重围》的宣传营销。我让策划部和发行部两位主任来一起商量，明确要求，要想方设法重新引起读者对《突出重围》的兴趣。

大家一致认为，首先，一定要针对美国为首的北约轰炸我国驻南斯拉夫大使馆这桩滔天罪行，来隆重组织推广宣传以强国强军为主题的《突出重围》。要非常明确地告诉读者，我们要走的必须是科技强军的道路，以此引起广大读者的关注。

接着，大家的想法是，抓紧与全国几家有影响力的都市报联系，特别是《北京晚报》《北京青年报》等，希望他们为《突出重围》安排连载，连载按语就是对我国主权受到严重侵犯的现实情况做出的强烈反应。此外，出版社在都市报上组织发表有针对性的书评，重点阐述作品的爱国情怀和科技强军的现实针对性，同时也要求，暂时避免过多的文学性批评。这样一来，相信可以让作品受到读者的关注，产生应有的社会影响力。我们知道，做出版不能太过于强调时效性。可是，当社会需要出版发挥时效性的时候，在作品本身又具有相当的新闻时效性的情况下，我们就要在新闻时效性上做出努力。这也是出版人的社会责任和使命。当时，我们国家强国强军的任务非常紧迫，我们应当用强国强军这样的主题来召唤读者，引起热议，引起更广泛的阅读兴趣，力求获得最大的社会效益。

我们当时决定，采取3种方式进行推广宣传。一是到驻军部队送书。把强国强军爱国主义主题的长篇小说《突出重围》送到军营这一举措，应当会在主流新闻媒体上得到很好的反应。二是到北京大学给大学生送书。大家知道，当时大学生的爱国热情表现得极为高涨。我们为他们送去这样一部既弘扬爱国主义精神又反映科技强军理念的长篇小说，同时让作者与大学生们面对面讨论,一定会引起大学生们极大的热情。三是联系国防大学高级指挥员班,与学员们举办作品研讨会。作为一部军事题材的长篇小说,需要有相应的军事权威机构认定,也需要军事专家们对故事的可信度、知识的准确性予以评价。这样一来,社会阅读作品的热度就会更好地持续下去。

到部队送书的时间恰好就选在1999年6月7日,也就是我国驻南斯拉夫大使馆遭到轰炸后的一个月。中央电视台在当晚的《新闻联播》节目中对我们这一举措做了报道。部队领导在电视镜头前发表了慷慨激昂的讲话,很是振奋人心。报道播出后的第二天,出版社发行部就接到了许多省市书店的电话,纷纷要求紧急供货。

紧接着我们给北京大学送去200册《突出重围》,而且还安排作家与大学生们面对面讨论。会议气氛十分热烈,一直开到深夜还意犹未尽。大学生们对国家安危的挂念、参与科技强军讨论的认真态度,让所有在场的出版社同事深受感动。我们去北京大学送书和召开讨论会的信息,在网上形成了热议,可以说是正能量满满。一时之间,许多大学生以读过《突出重围》而骄傲,以没有来得及读到这部作品而焦虑。许多在大学里面或在大学附近开书店的老板们都紧急催要图书。这时,我社库存的《突出重围》已经全部批发出去,加印的新书还没有出厂,书店甚至提出只要是作家柳建伟的书，比如说他此前出版的长篇小说《北方城郭》也可以发给他们。大学生阅读的兴致很高，只要是这位作家的书他们都愿意买来一睹为快。

此外，在国防大学举办的作品研讨会也取得了预期的成果。高级指挥员班的学员对这本书的评价也是很高的。这些活动我们都通过新闻媒体广为宣传，尽可能在比较突出的版面做报道。国防大学学员们的权威评价，则尽可能在都市报上予以报道。尽管这只是一个常规动作，可是由于这是人民文学出版社的重点作品，是围绕全国人民共同关注的我国主权受到严重侵害这件大事而展开的出版宣传，还由于是军旅作家直接出现在书店签售图书，所以引起了许多省会城市广大读者的强烈兴趣。许多书店只要作者出现，就立刻排起长龙，备货的图书往往一售而空。仅仅是1999年的半年时间，这部书就销售了10万册。作品还获得中宣部"五个一工程"优秀图书奖，入选向新中国成立50周年献礼的十部优秀长篇小说。这部作品至今还是人民文学出版社的常销书。

长篇小说《突出重围》终于突出了滞销的重围。这个案例给我们一些什么样的启示呢？我的看法是，对于社会性大众出版，应当高度重视与社会热点的关系，出版人要善于抓住社会热点，趁势而为。甚至，我们还应当善于行动，合理制造适当的社会热点，想方设法引起广大读者的兴趣。总之，出版人不能止于图书出版，还应当为图书的推广积极行动起来，这也是我们的责任所在。

第49讲　出版该如何与影视"牵手"

2017年，出版业有一个让人觉得有趣的故事，是关于一部热播电视剧《人民的名义》和同名小说出版的故事。说的是《人民的名义》小说被改编成电视剧后，作家周梅森找到一家彼此关系甚好的出版社，打算把小说交由出版社出版。恰好出版社社长外出，编辑部门读了小说稿，评价还好，只是承诺的第一次印刷的数量压得很低——5000册。作者觉得比较伤自尊，认为无论如何也应当首印3万册。双方没有谈下来，结果作家就把书稿转交到北京十月文艺出版社，如他所愿，以首印3万册成交。这样的事情在行业里并不稀奇，大体上是萝卜白菜各有所爱而已。可偏偏这部小说的同名电视剧热播，收视率创了多年来的新高，不仅形成万人空巷的盛况，还成了社会舆论的热门话题，于是带动小说热卖。据说许多读者买书的原因是电视剧人物复杂，贪官清官一时难以辨别，数十集电视剧一天只播两集，性子急而又非常

人民文学出版社
《牵手》

入戏的观众只好把小说找来看故事情节，以此了却心里的悬念。这样一来，电视剧和小说真可谓风助火势、火借风威，都一起加倍地热乎起来。据说这部小说后来连续加印，供不应求，一共卖了近 200 万册。

这一讲的题目之所以用到"牵手"这个说法，跟我的一些出版经历有关。1999 年，我刚担任人民文学出版社社长，就遇上关于是否正常出版一部长篇小说新作《牵手》的讨论。当时人民文学出版社市场竞争力不强，库存积压图书严重，对于销售前景不那么看好又不是社里确定的重点图书，一般不敢付印。一位资深编辑手上有一部长篇小说《牵手》，已经完成三校，是否付印，她和编辑室都心中无底。不过，她提供了一个情况，中央电视台的同名电视连续剧已经制作完成，据说拍得不错，即将在中央电视台一套黄金时间播出。那时候，好像小说借助电视剧热卖的现象并不多。作家周梅森的长篇小说《人间正道》在人民文学出版社出版后，本来卖得还好，改编成电视剧，在中央电视台一套播出，书反而卖不动了。后来周梅森的又一部《天下财富》在人民文学出版社出版，据说是跟中央电视台一套同名电视剧同步发行的，结果仓库里积压了好几万册。有人提到长篇小说《趟过男人河的女人》，本来图书销售得比较正常，结果电视剧一播出图书反而滞销。为此，出版社一时不敢贸然让《牵手》这本书跟着电视剧一起出版。

事实上，电视已经成为现代社会生活的强势媒体，上不上电视，对于出版物的营销应当是不一样的。也许，小说改编成电视剧自有规律可循，需要具体情况具体分析，可是，从市场运作的角度来看，决不能轻言强势媒体对于图书销售无效甚至一定具有破坏性。出版人要有"万事皆备于我"的开放精神。于是我决定请出版社相关人员先看《牵手》电视剧，看了5集后再来商量决定是否付印。

中央电视台一套于1999年4月9日开播电视连续剧《牵手》。剧中影视明星蒋雯丽、吴若甫闪亮登场，还有一位新星俞飞鸿首次亮相，在我看来，人和故事都很好看。在影视观赏方面，我不过是一个俗人，只是以好看为要。与身边的亲友交流，大家也一致看好蒋雯丽的扮相和表演。接下来出版社为《牵手》一书又召开了一次生产经营会。大家简单交流了一下观看电视剧的感想，一致认为应当抓紧付印，而且要在电视剧热播的档期尽快上市，要赶在五一节前保证各地书店到货。为慎重起见，决定1万册起印，7天出货。我提出一个思路，即"多印次，快节奏"，只要需要，随时加印，要保证市场不断货。

我要求出版社策划部就《牵手》一书的出版制订营销方案，要想办法把小说和电视剧联系起来，要让人们在看了电视剧后还

人民文学出版社
《大宅门》

想去看小说,不能以为搭上了电视剧的便车,小说就一定能热销。为此,策划部设计了一系列营销话题,譬如"作家王海鸰有多少遗憾""小说《牵手》与电视剧《牵手》有何不同",还有更重要的主题讨论"当代女性的生存困境与出路",等等。事实表明,这些营销要点既能引起读者关注,又没有任何虚张声势的噱头,特别是没有故意拔高小说质量的意思,使得各方面还都能接受。策划部、发行部又根据电视剧在各省市分播动态,邀约作家王海鸰连续奔赴各省市书店与读者见面,签售图书。比较激动人心的是那年的电视金鹰奖在长沙颁奖,《牵手》电视剧组齐聚长沙领奖,出版社请湖南省新华书店居中联系,让小说作者、编剧王海鸰与导演、演员"牵手"亮相书店,引起读者的热捧。《牵手》1999年4月下旬开始出版发行,起印1万册,此后连续加印,当年共印刷发行18万册,而且基本上没有库存积压。这是事先谁都没有想到的效果。

长篇小说《牵手》销售的成功,让我们得到一些重要启示:我们正处在一个媒介时代,许多内容脱离媒介将难以得到有效传播;某些媒介的力量足以改变事物本身,因而我们要高度重视媒介特别是新兴媒介的作用;传统出版属于传统媒介,要主动与新兴媒介"牵手"互动,这种互动只要是合乎常情常理,坚守"内容为王"的原则,就无可厚非。

人民文学出版社
《历史的天空》

说来也很奇怪，自从我在人民文学出版社操作《牵手》小说与电视剧的"牵手"取得成功后，出版社在这方面的运作还都能取得预期的效益。出版社先后出版的《突出重围》《历史的天空》《日出东方》《和平年代》《尘埃落定》《白鹿原》等长篇小说和《大宅门》《大明宫词》《橘子红了》等文学剧本都与影视剧取得了"牵手"互动的成功。

就是从英国引进的"哈利·波特系列"小说在中国形成热销，也是与电影热映"牵手"的结果。记得《哈利·波特》中文简体本最先由人民文学出版社出版了前3种，社会影响很大。接着第4种中文简体本也即将在中国出版。这时，美国好莱坞已经完成这个系列小说第一集《哈利·波特与魔法石》电影的改编和拍摄，中国电影公司产生了引进这部大片的想法。因为电影进口配额有限，电影公司引进大片必须慎之又慎，还因为这是一部系列影片，一签就是7部，开头引进稍有不慎，会造成后续几部影片引进业务的被动。电影公司业务部门为此找到人民文学出版社，邀请责任编辑去给他们做一次图书内容的介绍和评价。编辑们觉得这是额外的要求，与出版社关系不大，不是太想去。我很着急，要求他们一定要去！要帮助电影公司积极引进这个系列影片，有了7部系列影片和我们"牵手"，图书销售应当会取得更大成功。后来的事实证明，人民文学出版社"哈利·波特系列"小说取得持续的成功，与同名电影的热映也是分不开的。

第50讲　向经营管理要精品书

出版社没有良好的经营管理，就很难确保精品书的出版。尽管有的出版社经营管理不怎么样，有时也能有精品书出现，那往往具有偶然性，譬如一位优秀作者把一本优质书稿送上门来，譬如某一位编辑组到了一部主题出版亟需的书稿。一个出版社要确保多出精品书，少出甚至不出平庸书，那还是要有良好的经营管理。

我在本书一开始就提出要正确认识什么是精品书，要认识到精品书对于出版行业、出版机构和出版人的重要价值，讲到态度决定精品书，等等。我还比较全面地讲了做好精品书的各项管理要求，特别强调"重赏之下必有勇夫"，同理可证，重赏之下必有精品书。

也许，不少同行觉得这是老生常谈，现如今，这一套企业化经营管理的路数大家已经不觉得新鲜了。下面具体介绍两家出版社通过经营管理出版大量精品书的案例。一家是科学出版社，另一家是浙江科学技术出版社。

先说中央级大社科学出版社。科学出版社是出版行业里的获奖大户。在连续四届中国出版政府奖的评选中，这家出版社屡创佳绩，获得各类大奖 30 个，其中图书奖 14 个（正奖 11 个，提名奖 3 个），获奖总数在全国出版社中位列第一。在第四届中国出版政府奖的评奖中，科学出版社就有《数理逻辑：基本原理与形式演算（第二版）》《土压平衡盾构电液控制技术》《分子生药学（第三版）》3 种图书获得优秀图书奖。

科学出版社之所以取得这样的佳绩，自然与这个社的整体经营管理水平比较高是分不开的。不过，他们还有一套较为完备的管理办法，提升了出版社精品书的出版能力。

一是跟踪科研进展，做好前期策划。科学出版社强化板块的发展，将相关领域集成，形成了十几个板块，推动重点板块的发展。主要是立足自然科学，加强科学技术板块的发展，致力于医学专著和基础理论著作出版，对教育出版进行重点规划，积极拓展人文社科出版领域。总之是顺应日益加剧的学科交叉发展的趋势，为重大项目建设做好前期选题策划。

二是科学遴选好书，随时储备精品。科学出版社以重大项目为抓手，按照"专业化、精品化、系列化"的发展思路，制定了

科学出版社
《数理逻辑：基本原理与形式演算（第二版）》

科学出版社
《土压平衡盾构电液控制技术》

一系列的保障措施。他们成立了重大项目管理办公室，专题研究和策划重大选题方向，统筹重大项目的建设和推进。社里有科学的遴选机制，随时将项目的申报、评审纳入日常工作，为打造精品图书做好优质选题积累。

三是做足申报文章，争取资金支持。科学出版社从2010年起推荐项目申报国家新闻出版改革发展项目库，每年都有项目入库，也为申报国家各种专项资金提供了项目储备。其中最重要的经验是做足申报文章，出版社要求编辑室主任和项目负责人，投入更多的时间和精力把项目申报书的写作作为一项重要工作任务。科学出版社共遴选出35个项目纳入社里的重大项目库，其中获得国家出版基金支持的项目有9个；有29个项目获得国家社科基金后期资助的支持；每年都能承担全国50%左右科技部基金资助图书的出版。

四是筑好质量堤坝，创新质量管理。在重大项目的质量管理方面，科学出版社设立了完善的质量管理体系，制定了近20项规章制度。科学出版社创新管理运作流程，按照"分类管理、全程监督、指导服务"的要求，组织重大项目检查、绩效考核，监管重大项目的实施和经费使用，对重大项目实施动态跟踪和常态化管理，定期召开项目汇报会，加强指导、推动、监督工作，并做到人员、资金、时间三落实。

总之，科学出版社取得中国出版政府奖图书奖获奖数量全国出版社第一名的佳绩，与他们认真管理、有效运营是分不开的。

浙江科学技术出版社在浙江出版业内被同行们称为"获奖大户"。其实，该社在全国出版行业里也无愧于"获奖大户"的称号。自中国出版政府奖设立以来，浙江科学技术出版社连续四届共有9种图书分别获得3个正奖、6个提名奖。在第四届中国出版政府奖的评选中，浙江科学技术出版社就有《红外材料与探测技术》《现代针刺组学》《整形美容外科学全书（22册）》3种图书获优秀图书奖的提名奖。浙江科学技术出版社在全国历届获中国出版政府奖的出版社中获奖总数排名前十。此外，浙江科学技术出版社有15种选题被列入"十二五"国家重点出版规划，10种选题被列入"十三五"国家重点出版规划首批项目；有11个项目被列为国家出版基金项目；还有多种图书获得国家科学技术学术著作出版基金资助。

浙江科学技术出版社
《现代针刺组学》

浙江科学技术出版社也有自己一套做精品书的经营管理的经验。

他们之所以取得不俗的成绩，除了前面提到的各种大家公认的经验，"三个资源库"的建立也值得同行们注意。

第一个资源库是选题资源库。浙江科学技术出版社坚持以高端学术科研成果和项目为基础来打造这个资源库。多年来，浙江科学技术出版社围绕国家重点出版规划，着眼具有国内外先进水平、重大学术价值和代表学科研究前沿领域、反映国内外科学技术最新研究成果，以及对我国科技、经济发展水平产生重大影响的科研项目，深入挖掘具有重大出版价值的精品书选题。

第二个资源库是作者资源库。浙江科学技术出版社坚持以专业特色为抓手，集聚顶尖作者队伍。科技类图书要成为精品图书，首先要求作者是一流的专家学者。浙江科学技术出版社一直秉承专业立社、专业强社的发展思路，在各个专业出版项目中不断积累专家资源，确保其科技类图书在专业上始终处于同业领先地位。

第三个资源库是编辑人才库。浙江科学技术出版社坚持以重点项目为平台，培养优秀编辑人才。他们通过重点项目的实施，构建了一支专业出版队伍，一批优秀青年编辑的成长，又更好地推动了重点项目的实施，形成了良性循环。此外他们的编辑人才库里还拥有一批可以担当特殊专业图书编辑的社外编辑人才，

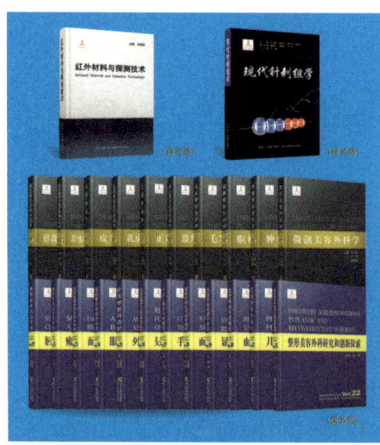

浙江科学技术出版社第四届中国出版政府奖获奖书

随时可以成为某一种精品书的特约编辑。

讲到这里，我想起有时候听到有出版社社长、总编辑埋怨出版社的编辑能力不强，总是做不出精品书来。其实，社长、总编辑甚至出版集团董事长、总裁还是要反思一下，扪心自问自己的经营管理实际状况如何，要想想出版社里围绕精品书生产，是否形成了一致的价值观，是否端正了态度，是否建立了激励机制。还有，是否有一套针对精品书生产的具体管理办法。倘若以上各项我们都努力做到了，精品书做不出来是没有道理的。所以，我们要说：向经营管理要精品书。向社长、总编辑，向集团董事长、总裁的经营管理要精品书。

后　记

在《出版力：精品出版50讲》即将付梓的时候，想到要感谢许多朋友。

首先想到的就是出版业内著名策划人、传媒人程三国先生与令嘉女士伉俪。倘若不是他们二位2017年足足用了大半年的时间鼓动我启动《聂震宁精品出版五十讲》的播讲，在他们创办的百道学习APP上播出，我断然不会去写作这50篇文字的。没有那历时一年的播讲，当然也就不会有今天这本小书。为了支持我的播讲，百道网还约请知名记者郑杨为我提供了大量的出版案例和素材，使得50讲的内容不曾因为资源枯竭而难以为继。在播讲启动之初，因为想到一年内每周要做一讲，势必有资源枯竭之虞，我一度视为畏途，迟迟不敢接活，是郑杨的工作免除了我的后顾之忧。

同时想到要感谢的就是本书的责任编辑之一姚莉。我要隆重地声明,"出版力"这个书名乃出自她的灵感。安徽教育出版社原社长、现任时代出版传媒股份有限公司总经理郑可热情邀约我把书稿交由安徽教育出版社出版,我也就是一交了之。我知道这是一家好书成阵的出版社,相信他们一定能把我的书出好。不曾想,责任编辑姚莉通读全稿后,除替我做了不少校订工作外,忽然给我发来微信,建议把原题"精品出版50讲"改成副题,另起一个书名。我略略觉得有点儿麻烦——由此可见作为一个老编辑,我的职业素养还差了一点火候——我只是发回一个"OK",并没有接着用心去思考。不久,她又来了微信,问我能不能用"出版力"做书名。她是那么轻轻地一问,毫无得意之色,可是我当即有夏夜清风拂面的快意,秋夜起看朗月的舒心,雪地忽见数点梅花的惊艳。我知道姚编辑对我有了研究,对书稿有了把握,不禁心生感激,当然是当即回了她一个大大的点赞。显然,她为我即将出版的这本小书做了定位。考虑到不久前我出版的一本小书《阅读力》(生活·读书·新知三联书店,2017年)获得较好反响,阅读与出版紧密相关,再来一本《出版力》,既能引导有兴趣的读者继续阅读我的文字,又能概括精品出版即为出版力这一要义,真是优秀编辑的独具慧眼。这也算是一种良朋嘉惠吧。

韬奋基金会的张帅奇为此书也承担了不少琐碎繁复的事

务。她根据姚莉编辑的要求，受我之托，于夏日的骄阳下前往国家图书馆拍摄了书中需要使用的许多书影，还广为联系许多精品出版的出版社，请对方发来可供出版的书籍照片。感谢张帅奇！在感谢帅奇的同时，也要感谢热情支持她搜集书籍照片的许多相关出版社的同仁。

当然还有许多朋友需要感谢。安徽出版集团董事长王民对此书的出版从始至终给予重视和支持。安徽教育出版社新任社长费世平上任之初，即过问指导此书的出版。此书的另一位责任编辑是何换生（何客），他为本书也付出了智慧和劳动。安徽教育出版社的装帧设计素来讲究，而对我的这本小书，装帧设计人员也十分精心、十分讲究。是的，一本名为《出版力：精品出版50讲》的书，不做得讲究些如何说得过去！至于书中内容，全部责任在我，我也是往精益求精的要求上用力的，然而能力终归有限，想必还有需要改进之处，诚请各位读者尤其是业内方家坦诚指谬，不吝赐教，在此先谢了！学无止境，写书做出版又怎么能有止境呢？

2019 年 7 月 6 日于北京民旺园